あなたの限界をラクに超える
最強の洞察思考

バカにされたらありがとう

宮井弘之 MIYAI HIROYUKI

幻冬舎MC

はじめに

私は、近未来の消費の動向を見通して、新しい商品や事業の提案をする「未来洞察」という仕事をしています。珍しい仕事です。

ここで、未来を「予測」するとは言わずに、「洞察」と呼んでいるところに、実は強いこだわりがあります。

予測とは、過去の事実に基づいて、未来に実現すると考えられることを想定することで、将来どうなるかは、過去を根拠にすれば客観的に見当がつくというニュアンスがあります。

一方で、洞察とは、過去の事実に、自分たちの意志を込めて、複数のシナリオを想定することで、将来どうなるかは分からない、というニュアンスがあります。

今も昔も世の中は不確実だといわれます。事実は小説より奇なり。確かに、どの時点で何が起こるのかを「予測」するのはたいへん困難であり、いつも思いがけないことが起こりますよね。

ただ、不思議なことに、複数のシナリオを「洞察」して想定しておくと、もちろん、どの時点かまでは当たりませんが、不思議とそのなかのどこかのシナリオが実現してくるのです。

この「未来洞察」の面白さにとりつかれた私は、未来洞察を専業にする会社を興しました。おそらく日本人のなかでは最も未来を見通す経験を積んできた人間の1人ではないかと思います。

そんな私が本書を通じて皆さんに伝えたいのは、「洞察」は人生の役に立つということです。

未来洞察という仕事の内容は先ほどお話ししたとおりですが、洞察というのは、単なる分析や想像とも少し違っています。

単に過去のデータを分析するわけではなく、将来をなんとなくイメージするわけでもなく。目の前に起こっていることの裏を読んで、創造力を働かせて、そこそこあり得そうなことから、ちょっとあり得ない進展までを想定する——そんな感じでしょうか。

私は、普段からこの洞察スキルを活かした「洞察思考」を日常生活で実践しています。何かにつまずいて突破口が見いだせなくなったり、決断に迷ったりしたときはもちろん、普段からこの思考法を取り入れていけば、思いもよらなかったアイデアが浮かんできたり、不安や問題の解決に役立てたりできるのです。人間関係を良好に進展させることができるし、セルフブランディング、行動力強化にも役立ちます。

私はこの思考法のおかげで、天職と思える仕事に出会い、朝起きるとすぐに動き出したくなるようなワクワクする日々を送れています。

今では、ありがたいことに「どうしてそんなにいろんなことを知っているんですか?」「プレゼン開始3分で競合に勝つことができるのはなぜですか?」「働きながら大学院で博士号まで取得できる秘訣は何ですか?」など、私の話を聞きたいという方がたくさん集まって来てくれます。

そこで、私がこれまで培ってきた「思考法」のエッセンスを伝えようということで本書を企画したわけですが、一つ大事にしていたのは堅苦しいフレームワークとか小難しい本にならないことです。私がよく後輩や部下とお酒を飲みながら話している「雑談」をベースに日常生活のなかで気軽に実践できるような思考法の本にしたいと思いました。そのなかで、いちばんウケの良かった小話のタイトルが「バカにされたらありがとう」なのです。

本書は何か日常に行き詰まっていたり、漫然とキャリアや人生に不安を感じていたりする人にぜひ読んでもらいたいと思います。きっと頭の体操以上の手掛かりをもたらしてくれるはずです。

バカにされたら「ありがとう」――あなたの限界をラクに超える最強の洞察思考―― 目次

［第1章］

常識は「正しくない」、直感には「従うな」
――洞察思考に必要な心構え

まずは、洞察思考を身につけるための心構えについてお話をさせていただきたいと思います。本書では、なるべく日常に転がっているような話題を通じて、洞察思考というものを皆さんに伝えていきたいと考えています。分かりやすくサマリで洞察思考の定義が出てくるわけではありませんが、本書を通読していただくことで、私が皆さんにお伝えしたい洞察思考というものがどういったものなのか、分かっていただけるように工夫していきたいと思います。最初に投げかけたい皆さんへのキーワードは、「直感」です。皆さんは、「直感」という言葉を聞いて、どんなイメージを思い浮かべますか?

「直感」に従って動きすばらしい結果を得られた著名人のサクセスストーリーも多く存在し、近年は直感を活かすことをもてはやすような論調もあります。しかし、私は、パッと聞いて「そうだな」とか「いいな」と思う話には思考停止を誘う罠が潜んでいると常々思っています。よく会社の部下からは、直感的に判断しているといわれる私ですが、誰よりも直感的に判断したり、納得したりすることの危険性を知っているつもりです。まずは、直感に従わないということについて、いくつかの例を見ながら、洞察思考に必要な心構えを説いていきたいと思います。

「卵を一つのカゴに盛るな」は間違い

さて、最初のレッスンは、投資や資産形成の世界で、完全に「常識」とされている言説への挑戦から始めましょう。投資の世界でよくいわれる「卵を一つのカゴに盛るな」という格言です。投資に詳しい方も、詳しくない方も、あらためてこの格言の内容を吟味してみましょう。面白い発見があるはずです。

「卵を一つのカゴに盛るな」は、もともとは英語の格言で「Don't put all your eggs in one basket」の翻訳です。インターネットの英和辞典weblioでは、次のように説明されています。

【諺】卵を全部一つのかごに入れるな（危険が起きたときに被害が分散されるよう、逃げ道を用意しておくこと）

証券会社のパンフレットなどでは、次のように説明されていることが多いです。

一つの投資商品だけに全財産の集中投資を行うとリスクが大きくなるので、複数の商品に分散投資を行ったほうが良いとの教え。

これを読んで「なるほど、確かにそのとおりだな」と思った人は、心のなかで手を挙げてください。

恥ずかしがらなくてもいいです。実は私も、最初にこの教えを聞いたときには「なるほど、そのとおりだな」と思いました。

ところが、実際に株式投資の真似事をしてみて、「なんか変だな」と感じたのです。分散投資は一見、正しいように感じられるのですが、リーマン・ショックやコロナショックのような株価暴落時には、ほぼすべての投資商品が同時に下がりますからほとんど意味はありませんでした。

また、サラリーマンが余裕資金で株式投資を行う場合はタネ銭が少ないですから、そもそもあまり分散ができません。無理に分散すると、一つの銘柄あたりの投資金額が数万円になってしまいます。これでは、仮にその銘柄の株価が2倍になったとしても、利益は数万円にしかなりません。

卵を一つのカゴに盛らない銘柄分散投資を行った私は、「株式投資ってあまり面白くないな」と感じ、やがて株を買うことを止めてしまいました。

このエピソードには後日談があります。縁があって株式投資で成功した方々のお話をうかがう機会があったのですが、聞いてみると目からウロコでした。

株式投資で成功した方々は、誰一人として「当初は」分散投資なんかしていなかったのです。ほとんどの人は、企業をよく研究して、これぞと思った銘柄に集中投資を行って資産を飛躍的に増加させていました。

一点集中投資であればサラリーマンでも数十万円を投資することができますから、株価が2倍になれば資産も2倍になるわけです。

株式投資で成功した方々には、このような「卵を思いっきり一つのカゴに盛る」ことで、いわゆる〝億り人〟になったケースが多く見られました。

一般的に、集中投資は分散投資よりもハイリスクだといわれています。しかし、企業を研究しつくして、株価が上がるとの確信を得てから買うわけですから、投資家本人にとってはローリスクなのです。「ハイリスク・ハイリターン」という言葉も、一見、正しそうに見えますが、ハイリターンなものすべてがハイリスクなわけではなく、人によってはローリスクで済むものもあるのです。

つまり、株式投資のスタートダッシュは、きちんと企業研究を行ってから「卵を一つのカゴに盛れ」が正解です。

ではなぜ「卵を一つのカゴに盛るな」が、誰もが知っている〝投資の常識〟として、証券業界でずっと唱えられ続けているのでしょうか。

私は、もっともらしい言葉を聞いたときには、まず、誰がそれを言っているのかを考えます。調べる限り、「卵を一つのカゴに盛るな」と言っているのは、投資家ではなく証券会社の方です。

では、仮にこの言葉が、自分の立場を有利にするための〝ポジション・トーク〟だとしたらどうでしょうか。

証券会社は手数料ビジネスですから、できるだけ多くの人に投資商品を購入してもらうほうがいいわけです。そうすると、一点集中の長期投資よりも、数多くの銘柄を次々と買ってもらうほうが、商売がうまく回ります。ましてや、その言葉が、投資のリスクを引き下げて安全であるとの印象を高めてくれるのであれば、さらに都合が良くなります。

これはあくまでも仮説ですが、そう考えれば「卵を一つのカゴに盛るな」が、まことしやかにささやかれる理由も理解できます。

もちろん、「卵を一つのカゴに盛るな」は、まったくの〝ウソ〟ではありません。それがしらじらしい〝ウソ〟であれば、誰も信じませんし、人に伝わることもないでしょう。「卵を一つのカゴに盛るな」は、すでに資産家になった富裕層にとっては定石なのです。

投資利益だけで生活しているような富裕層の場合、一点集中投資なんてできません。万が一にも、その銘柄が大暴落したり倒産したりしては、資産が崩壊します。数千万円から数億円の十分な資産がある方の場合は、「卵を一つのカゴに盛るな」は正しいアドバイスとなります。

投資資金が100万円の人にとっては年利1%で1万円なんて雀の涙ですが、100億円の人にとっては年利1%でも1億円の収入になるのですから、「ローリスク・ローリターン」の「卵を一つのカゴに盛るな」で正解になるのです。

しかし、一般庶民が分散投資しても、うまくいきません。分散したうちの一銘柄が株高になっても、ほとんどタネ銭が増えないからです。卵は一つのカゴに盛らないと突破力が出ないのです。

このことは、人生にたとえてみればよく分かります。あなたが高校生だったとして、放課後の時間の使い方を、勉強と部活と趣味と恋愛と友人付き合いとに、きっちり五等分したと考えてみてください。どれも中途半端になってしまうような気がしませんか？

やはり、高校三年生になったら、時間のほとんどを受験勉強にあてなければ目標の大学には合格できないような気がしますし、部活の全国大会で優勝したいのであれば、もっと練習時間を増やさなければならないと思います。

例えば、将来はプロ野球選手になりたいと真剣に思う小学生が、毎日野球の練習に没頭し、友達と遊ぶ時間はほとんどないという生活を送っていたとします。

この小学生に向かって「卵を一つのカゴに盛るな。野球ばっかりやるな。友達とも遊べ」とアドバイスする大人がいたら、控えめにいってもお呼びでないでしょう。

うまいたとえ話は、耳障りがよくてスルリと入ってくるだけに、十分に警戒して聞く必要があります。卵を一つのカゴに盛っていて落としたら全部割れるというのは真実ですが、それは卵の話であって、株の話ではありません。一つのカゴに盛るのは危険かもしれませんが、おそらくそこには、一つのカゴに盛らなければならなかった別の理由があるはずです。

この「たとえ話を警戒する」というのは日常生活においてかなり使える洞察のスキルです。もっともらしいたとえ話を聞いたときには、その話の背景に注意を向けてください。

本を読んではいけない!?

「本を読むな！」と叱る親御さんや学校の先生に会ったことはありますか？　私たちは、書籍によって知識を得ることを美徳と考えるように馴らされています。

しかし、「本を読む」のは、無条件に良いことなのでしょうか。今度は、この「美徳」へのチャレンジを通じて洞察スキルを養いましょう。

とはいえもちろん、読書が知識を得る手段として優れていることは否定しません。しかし、読書は知識を得るための唯一の手段というわけでもありませんよね。

なんらかの知識を得るために、読書が最も効率の良い手段であるのかどうかを検討してみましょう。

例えば、原始時代には書籍や文字はありませんでしたから、知識は口伝によって広がりました。

現代でも、書籍よりもセミナーを好む人は多いです。リアルのセミナーは移動の時間や手間がかかりますが、動画セミナーやオーディオセミナーも充実してきています。

そもそも、YouTubeなどの動画サービスや、書籍をオーディオで聴くというサービスが市場を広げている時点で、活字を追う読書よりも、耳で聴いたり、目で見たりと視聴覚をふんだんに活用した情報摂取を選好する人が多いことに気がつくべきでしょう。

読書が知識獲得の王者だった時代は終わりつつあります。

また、書籍には、情報がリアルタイムの最先端ではないという欠点があります。

例えば、脳科学にせよ、AI研究にせよ、最新の情報をもっているのは最前線の研究者です。ですから、最新の情報を得たければ、研究者に直接会って話を聞くことが一番です。

しかしながら、面識のない研究者に時間を割いてもらうのはなかなか難しいことですから、一般的には、その研究者の書いた論文を読むことになります。これは広い意味での読書ではありますが、書籍にまとまっていない論文を読むのが趣味という人はあまり多くないでしょう。

ちなみに、私は一般の書籍はほとんど読まず、なんらかの知識を得るという目的で活字を読むときには、主に研究論文を読みます。つまり、ピンポイントで目的を絞った読書だけをするようにしています。最近は、論文の内容を分かりやすい動画にまとめて発信しているYouTuberもいますから論文を愛好するのは私だけではないようです。

また、コワーキングスペースの運営方法とか、YouTubeチャンネルの始め方とか、まとまったノウハウについて、早急に知りたいというケースがあります。

そのようなときは、私も一般的な本に頼りますが、一冊の本を頭から読むのではなく、何冊かの本を入手して、知りたい情報の部分を目次から探して、比べ読みをします。一冊の本だけでは情報が偏ってしまう危険性があるからです。

つまり、本を買ってわくわくしながらページをめくって、というような「読書」はほとんどしません。

なぜかといえば、いわゆる「読書」は、とにかく時間がかかるからです。

常に時間に追われている現代人、特に働き盛りのビジネスパーソンにとって、ビジネスで使う知識を得る目的で読書をするのは、あまり効率が良くないように感じます。

なぜならば、浅く広く知っておいたほうがいいたいていのビジネス知識やノウハウは、同僚や顧客との雑談などから得ることができるからです。

そして、同僚や顧客との雑談は単に知識の獲得にとどまらず、距離を縮めたり、信頼感を深めたりするのにも役立つため、一石二鳥です。

ひとり孤独に読書をするのは、それが好きな方が趣味として行うぶんにはたいへん結構なことですが、ビジネスに役立てるためだけであれば、あまりおすすめできません。

実際のところ、私は、ビジネスの相手との雑談のほうが本を読むよりも刺激的と考えています。

人間は万能ではありませんから、どんな人にも得意分野と苦手分野があるのは当然です。

時々、「いろんなことをご存じですね」とお世辞を言われることのある私だって、知らないことはいくらでもあります。

そして、ビジネスパーソンの多くは、自身の業界や職種に関してはよく知っています。そのような話を雑談で聞くことができるのが、ビジネスにおいて人と会うことの醍醐味です。

このように言うと、雑談で実のある情報を引き出すことは難しい、と反論される方がいます。

もちろん、知りたいことがすでに決まっているのであれば、雑談は非効率です。しかし、広く浅く今の世相や社会や相手のビジネスのことを知りたいのであれば、リアルタイムの雑談に勝るものはないでしょう。

ビジネスにおける雑談は、本よりも速報性において優れていて、まさにそのビジネスの現場にいる最前線から話を聞くことができるツールです。

難しく考えずに、ただ相手の興味に沿って話を広げるだけです。

例えば、先日は飲食テナントを管理している会社の管理職の方と商談がありました。たまた雨が降っていたので「今日は雨で道が混んでいましたね」といった、ごく普通の天気の話から始めて、訪問した会社の街の様子に話をつなげました。相手のよく知っているフィールドに話をもっていくのが、雑談を続けるコツです。

そこから「お客さんがたくさん並んでいるお店がありましたが、あれは何の店ですか?」「へえ、前はタピオカドリンクのお店だったけど、今はレモネードのお店になったんですか?　流行に敏感なオーナーなんですね」「レモネードは、私はまだ試したことがないのですが、どういうところが受けているんですか?」などと、興味をもった題材の市場やプロデュースしている側の思惑などに話を広げていきます。

私は雑談は読書に勝ると考え、真剣に雑談に臨んでいますから、あまり大きな声では言えませんが、新聞を読むよりも刺激的で面白い体験を得ることができています。雑談さえも、洞察力の向上に役立てているのです。

とある講演で、この話をしたときに「私は内勤で外に出ることもなく、お客さんに会うこともないのですが、どうしたらいいですか?」と質問がありました。聞けば、いつも同じチームメンバーの４人で昼ご飯を食べていて、いつも同じ話になってしまうそうです。

そこで、私は「視点を変える」ことを提案しました。

同じ話題であっても「誰がその事象を動かしているのか？」「その出来事によって利益を得るのは誰か？」「それによってどんな人が喜んでいるのか」など、ニュースの裏側や背景を探るようにしてみると、同じ話題でもバリエーションが出てきます。

質問をされた方からは、その後「昼ご飯のときの雑談が楽しくなりました」と、うれしいフィードバックをいただきました。

ニュースの裏側には〝誰が〟いるのか？

新聞でもテレビでもネットでもよいのですが、ニュースを見たり聞いたりしたときに、あなたはどのようなリアクションをしていますか？

例えば、第3波の感染が急拡大して、二度目の緊急事態宣言が発令されたことが話題になっています。連日のように新規感染者が増えて記録更新したと報道しています。

このニュースを見聞きしての反応は人それぞれだと思います。

心配性な人は「自分や家族が感染する危険が高まった」と感じて、外出を控えたり、マスクを忘れないようにしたりと気を引き締めるでしょう。

楽観的な人は「なるほど、ずいぶん増えたのね。でも自分の周囲には感染者は出ていないから大丈夫」などと聞き流すことでしょう。

数字に強い人は「日本の人口1億2650万人に対して、感染者数が累計で32万人ということは、感染率は0・25％に過ぎないし、感染者数に対する死亡者数の割合も約0・02％なのに、ずいぶんおおげさに騒ぐものだ」と感じるかもしれません。

これらはそれぞれリアクションが異なりますが、ニュースを真正面から受け止めて反応しているという意味ではすべて同じです。

このように、ニュースをストレートに受け止めていては、話題にしても内容が深まりません。

私は、ニュースを見るときに、常に「人」に変換して「洞察」しています。

つまり、あるニュースを見聞きしたときに、そこで報道されているなんらかの事実にはどのような背景があるのか、どのような仕組みや構造で出来上がっているのか、また、テレビや新聞は数多あるニュースのなかで、なぜそのニュースを選んで報道しているのか、誰がそのニュースを選んでいるのか、それによって利益を得るのは誰か、などを考える材料にしています。

例えば、新型コロナウイルスの感染者数は事実ですが、人口比でいえばまだ大きいとはいえないその数字を大きく喧伝するのは、感染者が感染者を増やしていくウイルスの仕組みから、パンデミックが起きないよう、政府が予防的に警告を発している側面が大きいでしょう。つまり、新型コロナウイルス関連のニュースは、ある意味では政府広報ともいえます。

また、医療に従事している方々の疲労や病床数の逼迫なども盛んにニュースになっていますが、これも、十分な医療手当が受けられないかもしれないから、一人ひとりが感染予防に力を入れてほしいとのメッセージになっています。

一方で、消費が冷え込むことで景気が悪くなることも予想されています。飲食店やイベント会社などの困窮も何度もニュースになっていますが、これは、感染予防に気をつけながらも、お金を使ってほしいとの思惑が透けて見えます。

このようにニュースの背後にある「人や組織の思惑」を意識していると、社会の動向を洞察することが自然にできるようになり、生活のさまざまな側面で役立てることができます。

具体的な例を用いて日常生活から得られるニュースを使って社会動向を洞察してみましょう。例えば、「住まい」に関わる不動産業界はどうなるでしょうか。社会動向を洞察するときのコツは複数の対極にあるシナリオを考えて、比較してみることです。では、やってみましょう。

本書執筆時点は2021年の前半ですが、東京都心（渋谷など）のオフィス賃料が急激に下降したというニュースがありました。このニュースの裏側には誰がいるのか。

渋谷などの賃料下落が激しいことの要因に渋谷にはＩＴ系の企業が多く、早い段階からそれらの企業がリモートワークに移行したことが指摘されています。一つは、リモートワークが進展して、ＩＴ企業以外にも伝播し東京にオフィスを構える必要がなくなり、オフィスの賃貸需要の減少が固定化されるというシナリオです。このシナリオだけ見れば、東京の不動産価格は全体的に下がっていくだろうという洞察も可能かもしれません。もう一つのシナリオは、あえて逆の想定をしてみます。

近年、複数会社でのシェアオフィスやコワーキングスペースが増加し活況を呈しているというニュースを見ることが多くなりました。この裏側にはやはり一人では仕事が進まないという人も多く、かといって会社には行けないという人たちや近年増加しているフリーランスの人々が、コワーキングスペースに集まっていることが指摘されています。

フリーランス化が大きく進展し、コワーキングスペースの需要が高まり、都心のオフィス賃料は思ったほど下がらない、むしろ今後は上がるかもしれないとの洞察もできます。

もっと、突飛なシナリオも考えられます。仮に東京のオフィス賃料が安くなれば、結局、そこをオフィス以外の用途で使いたいという企業は次から次へと出てきます。

例えば、一昔前に銀座の街で養蜂して蜂蜜を作るプロジェクトが話題になりました。繊細なミツバチは田畑の農薬散布で死んでしまうのですが、都心部なら農薬が撒かれることがないのでむしろ養蜂に向いているというのです。

それと同じような理屈で、ビルの中で野菜を育てている企業があります。光も水も栄養も人工的にコントロールできますから、野菜の品質や味を調えることができて、自然のなかで育てた野菜では得られない甘味や栄養を作り上げることができるのだそうです。

水耕栽培なら虫や病気にやられることもありませんから、光熱費は高くなりますが手間は減ります。また、地産地消ではありませんが、都心で作って都心で消費すれば輸送費を抑えることも可能です。郊外に住宅が増えて、都心に農地（ビル）が増えるかもしれません。

コワーキングスペースの会社も、ビルで野菜を水耕栽培する会社も、私がニュースで見聞きしたものですが、それによって誰にどのようなメリットがあるのか、ニュースの背景にいる人や組織を探っていくことで、不動産業界にまつわるシナリオに活かすことができました。

私は日常ニュースを見ながらつらつらとこのようなシナリオを妄想しています。すると、今度は、そのシナリオが実際に進行しているのかどうかの徴候を探る視点が働きます。問題意識をもっておけば、日々、雑談や新聞などから仕入れるニュースに対してアンテナが反応するようになるからです。

その結果、やはり植物を都心で育てるのはまだ採算が合わないとか、コワーキングスペースは一部の人だけで盛り上がっているだけで実際、大勢の人は自宅でリモートワークだとか、どこかで判断を下すことができるようになります。

ただ漫然とニュースを見ているだけでは、何の問題意識ももつことができず「感染者数が記録更新だって、すごいね」で終わってしまいます。そうなると、次に自分がどのように動くべきかのプランも立てることができず、ただ日々、流されて生きていくだけになります。

ニュースは社会の反映ですし、社会は分析して自分の行動を決めていくための素材です。ニュースを見聞きするときには常に、それによって何がどう変わっていくのか、表面的な事象だけでなく、「裏側」で動いているものを意識するようにしましょう。

行動力のある人は、実は怖がり

行動力を身につけたいと思っている方は多いと思います。また、行動力の背後にあるものとして「勇気がある」とか「たくさん努力してきて自信があるから」「才能があるから成功をイメージできている」などと説明されると「そうだな」と思うことでしょう。しかし、この行動力もある種の洞察力を使って、高めることができるのです。

私がそれを実感したのは、数多くの起業家に対するインタビューを通してでした。

「起業家」というと、あなたはどのようなイメージをもっていますか？

おそらく、市場のないところに果敢に切り込んでいく行動力のある人とか、失敗を恐れずに積極的にリスクをとっていく度胸のある人だとか、そうイメージされる方が多いと思います。

私もインタビューする前は、そのように思っていました。

今でこそ私自身は起業家の一人であり、事業として起業家支援やベンチャー投資なども行っていますが、当時はまだ起業もしていなかったので、「自分は慎重だから起業家には向いていないかもしれない」などと考えていました。

ところが、実際は違ったのです。

成功している起業家、特に2回以上成功している起業家は全員、わりとネガティブで心配性でした。ところが不思議なことに、それでも行動力があるのです。

私は、行動力は度胸から生まれるものだと思っていましたが、それは間違いでした。度胸を必要としない状態に自分をもっていける人が起業家として一歩を踏み出しているのです。

では、度胸のいらない行動力はどのように生まれるのでしょうか。

それはひたすらうまく行かないケースを考えて、考え抜いて、それでもなんとかなりそうだと思ったときに初めて生まれるものです。

普通の人は何か新しいことをやろうとしたときに、成功したときのことをイメージして夢を見ます。

成功する起業家は逆に、失敗することをまず考えます。そして、失敗したときにどこまで損失をこうむるかを綿密に計算して、それ以上の被害はなさそうだし、これならば損失があっても十分に許容範囲だなと感じたときに、初めて行動に移すのです。最終的には皆さん「失敗してもここまでなら致命傷ではないだろう」というボーダーラインを見いだします。

これは、私にとって目が覚めるような発見でした。

起業して倒産するケースの大半は、成功する事業計画を描けなかったからではなく、失敗したときのことを想定できず、どこまでが致命傷を負う失敗なのかを考えられていなかったからなのです。

確かに、成功する事業計画なんて、夢ならばいくらでも描くことができます。しかし、たいていの事業計画は想定どおりには動きません。そこで計画どおりにならないからと焦ってしまっては、ますます泥沼にはまってしまいます。

成功する起業家は逆に、「どこまでなら失敗できるか」を計算していますから、どんな逆風が吹いてもたいていは想定内で、淡々と対処をしていきます。それでも、想定外を超える事態が起きて、最終的に倒産することはありますが、「死ななければまたやり直せる」と考えて、身を引くときの手際もまた見事なものです。

最初に損切りのラインを決めておいて、それを超えたらあっさりと負けを認めるのです。その判断は冷静で、最初からそういった原則をもっているからこそ行動できるのです。

逆にいえば、自分が許容できないと感じたら行動はしません。成功する起業家は度胸や勇気が必要ない状態をつくってから、一歩踏み出しているのです。

行動のために大切なのは「ポジティブに夢を見る力」ではなく、逆に「ネガティブに怖がる力」なのです。
ですから、ほとんどの起業家は、財務諸表を見ても、売上ではなく費用にまっ先に目がいきます。私自身もそうです。そして、何か事業を興すときには常に、失敗して損害が出るとしたらどれくらいだろうと考えています。

例を挙げてみましょう。

あなたが何かをしたいけれども、行動できなくて悩んでいるとき、それは失敗したときのことを具体的に考えるのを避けているからかもしれません。

例えば、好きな相手に告白したいけれどできないと悩んでいるのであれば、告白したときに起こり得る最悪の事態を想定してみましょう。そうすると意外と「ああ、別に死ぬわけじゃないな」と開き直って行動できるようになるかもしれません。あるいは「同じ職場だから、一緒に仕事ができなくなるかもしれない」と思ってやめることになるかもしれません。いずれにしろ踏ん切りはつきます。

あるいは自分のお店を開きたいけれども、失敗するのが嫌で悩んでいるという人がいたら、実際にどれくらいのお客さんが来そうか、調査をしてみるとよいと思います。

お店というのは、業種と立地である程度の来客数が分かるものです。開店予定地に一日中立っていれば人通りがどれくらいあるか、どんな人が通るのか分かりますし、観察していればそのうちどれくらいの人がお店に興味をもってくれるかもなんとなく分かってきます。

楽観的な想定ではなく、悲観的な想定をして、それでも一日にこれくらいのお客さんは来てくれるだろうと考えることができれば、やっていけるかいけないかが判断できます。

悩んでいて行動できないという人の大半は、ただ「どうしよう」と思っているだけで、リスクを具体化していません。具体的に考えて、自分が考え得る限りのネガティブな想像をして、それでも致命傷には至らないと思うのであれば、そこから行動する力が生まれてきます。

具体的なアドバイスをするなら、一般的に人は、命を落とす危険性がなくて、借金をしなくてもできる範囲のことであれば、たいていのことはやってもいいと思います。

たとえ貯金がゼロになったとしても、無借金で働ける身体が残っていれば、ほとんどの人はいくらでもやり直すことができます。あなたが失うのはせいぜい時間くらいですが、その時間というのも無駄に失われるわけではなく、人生経験としてかけがえのない資産になるものです。

怖がって、怖がって、怖いから考え抜いて、その末に一歩、踏み出してみてください。

直感を信じるな

卵の話、読書の話、ニュースの話、行動力の話など、一見すると脈絡のない事例を取り上げてきました。ここで私がまずお伝えしたいことは、「直感」は必ずしも正しいわけではないということです。

もちろん「直感」が常に間違っているわけでもなく、「直感」に従って良かったという場合もあるので補足をしておきます。私の見るところ「直感」が正しいのはたいてい「不安」を覚えたケースです。「直感」というのは、自分がまだ意識化や言語化できていないけれども、確実に受け取っているなんらかの「情報」に対する身体的反応のことですから、リスクに対しては非常に敏感です。ですから、「不安」を感じた場合は「直感」に従ったほうがいいのです。

逆に、希望的観測の方向性で「直感」に従うことは、往々にして危険を伴います。

「この人は良さそうだから付き合ってみよう」と軽々とOKして失敗した人は数えきれません。

「誕生日と同じ番号の銘柄の株（宝くじ、馬券）を買ってみよう」で成功するのはただの偶然です。

「とても反応がいいので受注できます」と上司に報告して裏切られたことだってあるはずです。

なぜ「直感」による希望的観測が失敗するのかといえば、そこには「直感」だけでなく、あなた自身の「希望」や「欲望」が紛れこんでいるからです。心理学的には、「認知的不協和の解消」と呼ばれていて、人間の認知がもっている一つのクセのようなものです。

「とにかく株式投資をしてみたい」と思っていれば「卵を一つのカゴに盛るな」を鵜呑みにして株式投資を始めます。

「とにかくラーメン屋を開業したい」と思っていれば、バラ色の繁盛店ばかりをイメージして足元の落とし穴に落ちます。

「達成しなければ」と焦っていれば、焦ったぶんだけ見落としが多くなります。

例えば、海外の企業を買収したが、経営がうまくいかず巨額の損失を計上した、というようなニュースをよく見ると思います。

買収のゴーサインが出たときには、黒字の会社で業績も伸びているから大丈夫ということだったのですが、とにかく買いたいという気持ちが先行すれば業績向上の原因をきちんと精査できずに、「あれもいい、これもいい、問題ない」という「直感」に騙されてしまうのです。特に、海外企業の買収など地の利のないところではそういった直感に流されがちです。

振り返れば、その会社の業績が好調だったのは、前の社長が個人的な力でむりやり伸ばしていたのであって、買収後にその社長がやめてしまったら、組織としての力が育ってないので結果が出なくなるというようなことはよく聞きます。

実は、黒字で何もかも好調に見えている会社のほうが、見かけの良さに騙されやすいので、企業価値の査定や分析をするのに経験や知識が必要になります。私の経験では、財務諸表のうえで黒字の会社ほど、罠がひそんでいるケースがあります。いろいろな操作で黒字にしている場合があるからです。お金のプロフェッショナルである銀行ですら、融資に失敗するケースがあるのはそのためです。

逆に、「直感」に反するようですが、赤字の会社は、正直に悪い部分を出しているので、粉飾をしていない可能性が高いです。ですから、私は会社を買収するときには、赤字の会社を積極的に探しています。そんなことをすると、もちろん周囲には反対されます。

しかし「会社は黒字でなければだめ」というのは、いったい誰が言っているのでしょう。

それは銀行です。

銀行は、赤字の会社だと融資の稟議を通せないので、口を酸っぱくして「会社は黒字でなければだめ」だと言い回っているのです。ですが、それは銀行の融資の論理であって、会社の買収をする際にも当てはまるものでしょうか。

私に言わせれば、赤字の会社はすでに問題が俎上に乗っているので、その問題の解決方法さえ見えればいくらでもやりようがあります。実際に、我々が赤字会社の買収に関わったときには、三カ月で黒字化することができました。

ならば、買収される前でも黒字化できたのではないかと思う人もいるでしょうが、ずっとなかにいる人はしがらみや慣習に無意識に縛られていて、問題が見えなくなっているものです。外から見れば簡単なことでも、なかにいる人には無理ということがよくあります。

広告の世界では、今は「効果の計測できるネット広告のほうがテレビ広告よりもいい」などと、まことしやかにささやかれています。

しかし、これを言っているのはネット広告に携わっている人だけで、もちろんテレビ局の人はそんなことは言いません。テレビ局の人は「テレビ広告がいい」と言いますし、どちらもポジション・トークです。

実際に、平均的には、ネット広告だけの場合よりも、ネット広告とテレビ広告をまぜたほうが広告効果は高くなります。

テレビ広告は効果が計測できなくても、着実に効果を上げることのできる手段なのです。必要なことは効果の計測ではなく、その商品やサービスが売れることなので、もっともらしい言説にのっとった「直感」に騙されてはいけません。

私はフラットな立場から、両方の併用が最善だと考えていますが、それにもまた裏がないかどうか、皆さんご自身で考えてみてください。たとえそれが社長であれ上司であれ、社会人になったら他人の言うことを鵜呑みにして、深く考えずに済むルールにしてしまうのは危険です。

「直感」を信じるなというのは、自分が今までに生きてきた業界や会社のルール、慣習に無意識に縛られるのではなく、常に一つひとつのケースで何が最善かを考えようということにほかなりません。洞察思考を鍛える第一歩は「直感を信じるな」です。

第1章まとめ

●「当たり前」「常識」として語られている言葉を疑ってみる

□誰が言っているのかをまず考えてみる

□誰かが得をするポジショントークの可能性の有無を確認する

□たとえ話が出てきたら警戒する

●読書は知識を得るための唯一の手段ではない

□知識を得る方法として、時間をかけずにもっと有効なものはないかを考えてみる

□わざわざ読むならどんな本が良いのか

●ニュースを見聞きするときは「人」に変換する

□特定の組織や人の利益になっていないかを確認する

□ニュースの裏側に「誰が」関与しているのかを常に考える

●悲観的に考え抜くと行動力が生まれる

□2回以上成功している起業家は、大胆な行動の前に、「どこまでなら失敗できるか」を考えている

□悩んで行動できない場合、事前に悲観的な調査をしているかを再確認

●直感を信じるな！　ただし、「不安」は当たる

□直感で良いと思っていることは「願望」であることが多い

□ルールや慣習に縛られずに、何が「最善か」を考えての行動であることが大切

［第2章］

ベストなタイミングは「二番煎じ」

――洞察思考で目標達成力を高める

前章では、直感を信じないという「洞察思考」のベースとなる心構えについてお伝えしました。次にぜひ会得してほしいと思うのは、何か新しいことや目標を達成しようと動き始めるときに、働かせてほしい洞察のコツです。

日々の生活や仕事のなかにある日常的な事例を用いて、効果的に新しい挑戦への一歩を踏み出せるようになる思考法をお伝えしていきます。

「何をやるか」よりも、「いつやるか」が大切～タイミングを洞察せよ

2018年、日本で最初のユニコーン企業（時価総額1000億円以上）といわれているメルカリの上場前後の時期からベンチャーブームといえるほど、ベンチャー起業は盛り上がりを見せています。

私も起業には昔からそこはかとなく憧れていましたが、学生起業なんて特別な人のやることだろうと感じて、就職してサラリーマンをしていました。

しかし、心の奥でやりたいと思っていることはいつかやることになるらしく、社内起業が成功して、現在は子会社の社長として毎日を忙しく過ごしています。起業家支援やエン

ジェル投資なども行っているので、起業家の方ともしょっちゅう会う機会があります。

メディアによく登場する一部の起業家の方のイメージなどから、一般的に起業家といえば、皆さん雄弁で自信に満ち溢れている印象がありますが、実際に成功している起業家はそのような方ばかりではありません。

すでに述べたように起業計画に対しては臆病なほどに慎重な方が多いですし、性格も謙虚で物静かな方も多いのです。

例えば、誰もが知っているSNS企業の創業者の方は「自分が成功したのは運が良かったからだ」と話してくれました。その方の言によれば「自分はそれほど特別な人間ではない。ちょうどSNSが流行る直前に良いタイミングで始められたから成功できた。もしSNS以外で起業していたら、自分の能力的に失敗していた可能性が高い」と冷静に分析されていました。

実際に、私もさまざまな起業家の方とお話しして感じるのは、起業に成功するために必要なのは、起業家本人の資質や人間力はもちろんですが、どんなに本人の能力が高くてもそれだけでは不足で、ビジネスモデルと起業のタイミングがそろわなければならないということです。

しかし、起業家の資質やビジネスモデルが大切というのはよくいわれていますが、起業のタイミングについてはあまり語られることがありません。なぜかといえば、起業のタイミングを計ることは難しく、それはほとんど運という言葉で片付けられるからです。

市場は気紛れなものです。どんなに革新的なサービスであっても、起業が早過ぎれば世の中に受け入れられることなく終わってしまいますし、逆に市場が成熟してからでは競争相手が多過ぎて事業を伸ばすことが難しくなります。ちょうど市場ができあがってきた頃に、他社よりも先駆けてサービスを開始することができればよいのですが、それを達成するのは半ば運頼みのところがあります。

例えば、この数年ネット経由で印刷発注できるサービスが業績をかなり伸ばしているのですが、これは良い企業が伸びている側面に加えて、市場全体がかなりの勢いで拡大しているのです。ですから、今ネット印刷事業を始めればどんな会社でもある程度は儲かるという追い風があって、そこに乗っかることができれば、それほど他社と差別化しなくても成功できたのだそうです。

成長分野には恐ろしいほどの追い風が吹いていて、それをあとから振り返れば「運が良かった」となるのですが、要は参入するタイミングのことです。

この「タイミング」は、起業だけでなく何を行う際にも重要になります。

一般に、事業の寿命はおよそ30年だといわれています。そのため、新卒社会人が当時の人気産業に就職した場合、30年後には斜陽産業になってリストラの対象になるという笑えない話もあります。

例えば1950年代には鉄鋼業、造船業、鉱工業が人気でしたが、今それらの産業は往時の勢いを失っています。1980年代に勢いのあったカメラや半導体やコンピュータの業界も、時代と環境の変化によって衰退しました。ですから、人気産業に就職した新卒社会人は、どちらかといえば衰退する市場に身を投じたと考えられます。

一方で、インターネットやソーシャルゲームといった、当時はまだ海のものとも山のものともつかないベンチャー業界に飛び込んでいった人たちは、時流に乗って右肩上がりに成長する市場のなかで、脚光を浴びることになりました。

ですから、独立や転職など、新しいことへの挑戦を考える際には、どの業種にするかとか、会社の規模をどうするかとかよりも、時流に乗っていけるかどうかを洞察することが有効です。まったく興味がない業界に行く必要はありませんが、第一志望ではなくても時流に乗っていけそうな業界、勢いのある会社であれば、自然と売上も規模もやりがいも大きくなって、就職後に充実した思いができる可能性が高くなります。

時流に乗っているかどうかは、儲かっているかどうか、安定しているかどうかとはちょっと異なります。その当時は儲かっていても将来的な衰退が予測されたり、不動産収入で安定した収入があっても本業は衰退のサイクルにある会社もあります。

ニュースを見聞きしたり、自分で仮説を立てて未来予測をしてみたり、実際に働いている人の言葉に耳を傾けたりすることで見えてくるものもあります。次の節では、一つ時流を読むコツをお伝えします。

「二番煎じ」が、おいしい理由

ビジネスではよく、「他社と差別化しろ」、「オリジナルな商品を作れ」などと言う人がいますが、そういった言葉を聞くたびに、私は無言で相手の目を見つめることにしています。その心は「マジで言っていますか?」です。二番煎じがちょうど実行できそうな業界というのは、まさに成長途中、時流に乗りかけている可能性があります。

古今東西のビジネスで成功したケースを調べれば、その多くが二番煎じどころか、他社の模倣から始まっていることが分かります。

例えば、日本の大手ネットサービスの中で、海外のサービスの模倣から始まったところは少なくありません。

模倣といっても違法なものではなく、例えば海外の企業と契約を締結して始めた著名なインターネットサイトや流通等は、今やどちらも、もともとの親会社を凌駕するほどに成功しました。

身近な例としてカフェを挙げることができます。昔は日本には今のようなカフェ業態はなく、喫煙可能で男性ビジネスマンが一服ついでに立ち寄るような喫茶店型のチェーンが一般的でした。そこに、内装にこだわり、禁煙でむしろ女性をターゲットにしたようなカフェチェーンがアメリカから上陸しました。各社はそれぞれ競合の良いところを模倣し、今やカフェは老若男女にとって居心地の良い空間へと発展しました。

これは、先に存在するすばらしいものをお手本として、そこから自分なりのオリジナルを生み出すという、良い意味でのコピーです。

なぜコピーなのに良いものであるのかといえば、それによって恩恵を受けているのは私たち消費者であり、また競争も促進されてより良いサービスが生み出されるからです。

例えば、初期のカフェチェーンはフードが弱かったのですが、後追いの別カフェチェーンがおいしいクロワッサンなどを提供して差別化を図ろうとしたことで競争が生まれ、各社のフードも格段においしくなりました。

このように、最初は同質化から始めて、あとから改善点を見つけて徐々に差別化するのが時流に乗りながら新しいことを始める際の成功のセオリーだと私はよく言っています。

そのようなコピーからの改善を「カッコ悪い」とバカにする人がいることは知っています。

お手本に倣うことをバカにしてオリジナルにこだわるのは自由ですが、私がこれまでに見てきた範囲で言えば、そういうケースに限って、ほかが当たり前にやれている基本ができていないことが多いのです。マーケティングの世界では「当たり前品質が整っていない」と言います。つまり、オリジナリティはあってもベースとなる品質が低いのです。

当然のことながら、二番煎じであろうと成功したほうが、失敗したオリジナルよりも高く評価されます。失敗したオリジナルは、消えてしまうから歴史に残らないだけで無数に存在しますが、本当に成功した二番煎じは数少ないものです。そこにはただのコピーでは終わらないオリジナリティの付与が必要になるからです。

また、これも当たり前ですが、消費者はオリジナルであるか模倣であるかだけではなく、もっぱら品質とコストで購入を判断します。

ファミリーレストラン、ハンバーガーショップ、牛丼店など、街中にはいろいろな種類の店舗があふれています。それらは最初にそのスタイルで始めたお店と、後追いでコピーしたお店とに分けることができますが、現実にはどのお店で購入するかを判断するときに、オリジナルであるかコピーであるかを気にする人はあまりいません。

初心者は差別化よりも同質化を目指せ　お手本の完全コピーの重要性

もちろん、オリジナル商品の開発にはロマンがあることは私も理解しています。しかし、そもそも人間の想像することやつくるものに、100％のオリジナリティはあり得ません。どんな商品でもサービスでも、過去の商品やサービスの影響を受けています。

コピーは良くないと言うのは簡単ですが、新しいことを始めるときに人の真似をまったくしないというのは土台、無理な話です。

例えば楽器や語学を新しく学ぶときには、最初は先生のやることを真似ることから始めます。「リピート・アフター・ミー」というのは、ネイティブの英語教育の定番です。教師の言うことをそのまま繰り返すことが、基本を身につけて効率良く上達するための手段だからです。「学ぶ」という言葉の語源は「真似ぶ」だとの説もあるくらいです。

最初から違うものを作ろうとしても、基本がおろそかになって、ぐちゃぐちゃのカオスしか生まれないでしょう。楽器でいえば、何も知らない人がオリジナルだと思ってギターをかきならしても、耳障りなノイズにしかなりません。先人の開発したコード（和音）をきちんと押さえることで、美しい音色が生まれるのです。

ファッションでも、コーディネートを知らない人が自己流で服を選んで着てみても、野暮ったさは隠せないでしょう。最初は「ファッション雑誌に載っているコーディネートをそのまま買ってこい」とよく言われるように、基本を身につけるにはまずコピーから始めることが必要なのです。

ですから、人生経験の少ない若者には特に、最初から差別化を考えるのではなく、まずは目標（ベンチマーク）となる相手の完全なコピーから始めろと、私はよく教えています。「完全に」というのにいつもこだわっています。最初は完全にコピーして作って、それを改良する必要が生じた段階でオリジナリティを付け加えればよいのです。そして面白いことに「完全に」コピーしようとするとコピーの対象がもっている欠点や課題がはっきりと見えてくるものです。

つまり、完全なコピーへの挑戦は、洞察を生み出すのです。またその洞察による気づきがあなたにオリジナリティをもたらすきっかけになるのです。

この考え方は、大掛かりなビジネスを構想するケースでなくとも、日常のビジネスライフのなかでも十分に活用することができます。私の経験ですが、新卒で会社に入社して、なんとなく仕事を覚えた3年目くらいの頃に、今後のキャリアを考えて真剣にコピーする対象となる人物を2人設定しました。

一人は、自分の部署で自分と同じ仕事をしているチームリーダーで、最初はひたすらその人の真似をすることで仕事を覚えました。具体的には、その先輩が取引先に提出した提案書をもらって、別の取引先用に構成や分量などすべて完璧にコピーしたものを作成することから始めました。

それから、改良を行うために、たまたまその人とはタイプが逆だった別の上司をロールモデルにして、自分のチームリーダーに企画などを提出するときには、正反対のタイプの上司の企画書を真似して提出しました。ここでも、全体の構成やページ数はまったく同じにして、モチーフだけ変えて仕上げるのです。こういった「完コピ」を何度か繰り返します。すると、2人の上司のやり方に違いがあることや、それぞれの優れたところ、足りないところを「洞察」できるようになります。そうしたら、自分が良いと思う部分を取り入れて、組み合わせて、オリジナルのものにしていくのです。

社会人として大学院で修士号と博士号を取得したときも、最初の論文は、私が取り組みたいテーマで最も引用数が多かったメアリー・J・ビトナー氏の論文[1]の構成や言い回しやページ数を完全にコピーして練習しました。テーマだけが異なっていて、全体の流れや論理構成や調査の回数まで、まったく同じです。

それを行ったのは、コピーして論文を作成することが目的ではなく、論文を書く作法を身につけるためです。仕事でも趣味でも、例えば株式投資を始めるにしても、まずは実績を上げている人のやり方を細部まで真剣かつ完全に真似してみれば、どういう考え方で株を買っているのかを、自分の身体で理解することができます。

勘違いする人が多いのですが、こういうことは、ただ本を読んで話を聞いて自分なりに解釈して頭で理解したつもりになってもだめで、実際に相手のやっていることを「完全コピー」してみないと分からないことがあるのです。

仏教の僧侶には「写経」という、お経をそのまま書き写す修業があります。ただお経を読むだけでなく、自分の手で書いてみて初めて理解できることがあるからです。完全にコピーするということのレベル感がイメージできない方は、以下の出典に示す、有名な元芸

注1　Bitner, M. J., Booms, B. H., & Tetreault, M. S. (1990). The service encounter: diagnosing favorable and unfavorable incidents. Journal of marketing, 54(1), 71-84.

人さんの映像を見てみてください。笑いの間をつかむために先輩芸人の漫才やしゃべりをそのまま時系列で書き出したというエピソードがあります。[2]

ただ真似るというのは、最初はなかなか苦痛なものなので、最初の部分だけ少しだけ真似て、「あとはもういいや」と端折る人がたまにいます。気持ちは分かりますが、騙されたと思ってせめて一回くらいは、最初から最後まで完全コピーしてみてください。高く評価されて、長く生き残っているものには、必ず細部にまでこだわった完成度の高さがあります。細部を理解するためには、同じだけの時間をかけて自分で再現するのが一番の習得方法です。

繰り返しになりますが、初心者は、差別化ではなく同質化から始めてください。真似ることで洞察力が高まり、自分のオリジナリティにつなげることができ、結果として差別化に到達することができます。

みんながやっていることではなく、やらないことを探せ

二番煎じが時流の兆しであり、個人での完全コピーが洞察力を生み出すということは分

かっていただけたと思います。では、どの「分野」に自分は取り組み、真剣なコピーを行い、最終的に自分のオリジナリティに到達すればいいのでしょうか？

どんな分野に取り組むのか？の観点では、「大勢の人に必要とされるような、つぶしのきく仕事をしたい」という安定志向の若い人も最近は多くなりました。

そして「具体的に何をやりたいの？」と聞くと「今だったらやっぱりＡＩエンジニアとか、データサイエンティストとか、インターネット広告代理店とか、そういった仕事がいいと思うんです」などといった答えが返ってきます。

確かにそれらは流行の職種です。しかし、人気のある職業は、多くの人が目指すために競争が激しくなると考えているでしょうか。

「つぶしのきく職業」「ステータスのある職業」「高給の職業」、これらはいつの時代も人気で、憧れの的であり、それだけに有能な人が集まりやすく、競争が激しく、成功を収め

注2　ＤＶＤ『紳竜の研究』よしもとミュージックエンタテインメント

るのは困難です。

もちろん、あなたがメジャーリーガーの大谷翔平選手とか、棋士の藤井聡太さんとか、そういった天才に並び得る才能の持ち主であれば、ぜひその道を極めていただきたいと思います。

今名前を挙げた2人は中高生の頃から非凡さが際立っていたわけですが、特に世間から注目されることもなく普通に進学して就職されたというような方は、天性の才能という意味では、いわゆる「天才」の領域には達していないのかもしれません。

しかし、早熟の天才にはなれなかったという「フツーの人」には、その人なりの成功の方法があるはずです。

フツーの人の戦い方——それは「ニッチな戦場を探す」ことです。

例えば、あなたが高校生になったばかりだとして、スポーツが大好きで、全国大会の晴れ舞台に立ちたいと考えている場合、入部すべきはサッカー部や野球部でしょうか?

いいえ、おそらくサッカー部や野球部には小学生の頃からジュニアチームやリトルリーグでプレイしていた歴戦の猛者が集っています。時間の限られた高校生活で、レギュラーを獲れる確率はそれほど高くありません。

もしインターハイ（全国高等学校総合体育大会）出場を目的とするのなら、思い切って競技人口の少ない種目に挑戦してみるのはどうでしょうか？

インターハイの種目にすらなっていないマイナー競技であれば、高校生日本一を目指すことだってできるかもしれません。

これらの経験は、のちの人生にも大きく影響します。なぜならば、就職活動であなたという人物をアピールしなければならないとき「高校では体育会の副部長でした」という経歴よりも「高校時代にインターハイで優勝しました」のほうが面接官の興味をひけるからです。

成功というのは全世界的に有名になることだけを言うのではありません。それはもちろん、起業するのであれば、目標はＧＡＦＡ（グーグル、アップル、フェイスブック、アマゾン）に並ぶなどと大きく意識するのは良いことですが、ＧＡＦＡの一角に入れないからといって、失敗だというわけではないでしょう。

さらにもっと的を絞って、日本の20代起業家や女性起業家を目標にしてみれば、ベスト

10入りを狙うことができるかもしれません。

成功というものは、どの範囲で見るかによって評価が変わってくるのです。

ですから、あえてその道を選ぶのであればともかく、漠然と「つぶしのきく仕事」「ニーズのある仕事」「とにかく有名な会社」などと考えて、人気のある職種を目指すのは大変にリスクの高いことだと思います。

どんなに狭い世界でも競争はあるものですが、競争する相手が多く、優秀な人が集まっている可能性の高いところに何も考えずに向かう必要はありません。

中国の『史記』にある日本でもなじみのある言葉として「鶏口となるも牛後となるなかれ」があります。大きな団体（牛）で人の後ろについて回るよりも、たとえ小さな団体（鶏）であってもトップ（口）にいるほうが、豊かな経験ができるという意味です。

就職活動でいえば、誰もが知っている有名な大企業は競争倍率が高いですが、一部上場していても知名度の低い大企業や、条件が多少劣っていても面白そうな仕事ができる中小企業のほうが、あなたが活躍できる余地があるかもしれません。

ですから進路を選ぶ際には「自分が活躍できるかどうか」「スペックの被るライバルが

いないか」「自分が自由にのびのびできそうか」などを考慮するのがよいと思います。

私自身、高校生のときは水泳部だったのですが、当時はたまたま平泳ぎをやっている人がいなかったので、種目を決める際に、平泳ぎを選択したことで、大会ではいつもレギュラーとして試合に出ることができました。自由形の補欠で見学するよりも、平泳ぎで試合に出るほうが、良い経験になると思ったからです。

このように、凡人がキャリアを考える際には、「ちょうどいい狭さ」のフィールドに立つことを意識してみてください。

例えば、弁護士は難関国家資格ですが、それでも毎年の司法試験では1500人以上の合格者が出ていて、日本国内だけでも4万人以上の資格取得者がいます。その4万人の弁護士業界のなかで成功しようと思えば、ただ資格があるだけではなかなか難しいでしょう。

そこで、幅広く弁護士の中で一番を目指すのではなく、何かの専門弁護士としてフィールドを狭めてみましょう。例えば、離婚専門弁護士、不動産専門弁護士、海外ビジネス専門弁護士など、フィールドを狭くすればするほど、競争相手が少なくなって、勝ち筋が見えてきます。

私はこれを「キャリアのかけ算」と呼んでいます。

自身の離婚経験を活かして「離婚×弁護士」で離婚弁護士として活躍する道もあれば、趣味の格闘技を活かして「格闘家×弁護士」としてメディアで売り出す方法もあります。前職が不動産業界であれば「不動産×弁護士」でもいいですし、海外でのビジネス経験を活かした「海外ビジネス×弁護士」だと、かなり競争相手が少なくなるでしょう。

かけ算に使うものはなんでもよいのですが、これが「AI×エンジニア」などと母数の大きいもの同士をかけた場合には、なかなかフィールドが狭くなりません。その場合はもう一つかけるものを増やして「AI×エンジニア×美大出身」くらいのエッジを際立たせたほうがいいでしょう。といっても「AI×エンジニア×暗黒舞踏」みたいになると、そこにニーズがあるのかどうかが分からないくらいニッチなフィールドになってしまうので、ほどほどにしてください。

就職活動での面接の自己アピールであれば「なぜ暗黒舞踏がAIやエンジニアに役立つのか」について、説得力のある話ができればよいのですが、それができないのであれば、できる「かけ算」を探すほうがよいでしょう。芸能界、特に、人数の多いアイドルやお笑い芸人は、それぞれのキャラ立ちのために「家電芸人」「ねんどアイドル（ねんドル）」「ママアイドル（ママドル）」などと「かけ算」を多用しているので、参考にしてみてください。

このように、専門性をもって、なおかつそれを活かす幅広い視野をもった人材を「T型人材」と呼びます。ただ強い専門性をもっているスペシャリストであれば、一本槍の「I型人材」でしかないのですが、その知見を活かして視野を横に広げられるのが「T型人材」です。

これからの世界を生きる若い人は、漠然と「つぶしのきく仕事」に憧れるのではなく、自分がどのフィールドで戦えば勝てるのかを意識して、キャリアを「かけ算」で構築するようにしてください。

そして、キャリアを「かけ算」するときには、そのかけ算によって自分の世界がどのように広がって、仕事のうえでどのような応用が可能になるのかを常に意識してください。この「かけ算」を探す行為によって洞察力が高まります。社会からの評価と自分の良さをしっかりと見定めるという意味での洞察です。ここに先ほどの二番煎じの考え方をかけ合わせて時流を読んでみてください。

一昔前は、「英語」を学べば世界中で働けるので「つぶしがきく」といわれましたが、そういわれ続けた結果、今や「英語」で日常会話ができる程度の人材はどこでも簡単に見つかるようになってしまいました。

現在は「プログラミング」が「英語」に取って代わろうとしていますが、結局は同じ道をたどるような気がします。「プログラミング」の基礎だけができる程度の人が大勢出てくれば、それだけでは役に立つ人材とは認められず、やはり「かけ算」で専門性をアピールする必要が出てきます。

ただ「プログラミング」ができるだけの人材は、今ですらすでにエンジニアとして酷使され「つぶしがきく」というより「すりつぶされている」ような状態です。他人につぶされて終わらないために、ぜひ「プログラミング×簿記」とか、「英語×エンジニアリング」などといった、かけ算で洞察力を発揮し、自分だけのフィールドを見つけてください。

予測できない未来には、今手元にある駒だけ持って進め！

お手本をコピーすることやニッチな戦場を探すことはもちろん大切ですが、厳しさを増すビジネスの現場に対しては　さらに多くの武器を用意しておき、臨機応変に対応することが必要です。

ここでお伝えするのは、数年後すらも予測できない不確実さの増すビジネス環境に対応するための武器です。

１９７８年にノーベル経済学賞を受賞したハーバート・サイモン氏の弟子である、サラス・サラスバシー氏は、成功した起業家のものの考え方を研究して、エフェクチュエーション（effectuation）という概念を提唱しました。[3]

エフェクチュエーションとは、成功した起業家に共通するもののとらえ方・考え方の一つです。簡単に言えば、未来を予測せずに、目の前の現象に手持ちの資源や既存の手段だ

注3　サラス・サラスバシー『エフェクチュエーション』碩学舎

けでその都度、臨機応変に対処していくことです。

これは、一般のビジネスマンの思考様式であるコーゼーション（causation）と比較することで、よりいっそう理解しやすくなります。

コーゼーションとは、未来は予測できるという前提で過去のデータからビジネス環境を予測し、それに対応する目標と計画を立てて、ＰＤＣＡを回していくというものの考え方です。

例えば、ある商品が過去5年は年率で5％の成長をしているので、今後5年間も同様の成長ができると「予測」し、売上目標とその実行の計画を立てて、一度立てた計画は必ず守るという前提で予実管理を遂行していくイメージです。これは一般的な経営計画のやり方で一見おかしいようには見えません。

多くのビジネス理論はコーゼーションで組み立てられていますし、読者の皆さんにもなじみ深い考え方だと思います。

しかし、サラスバシー氏の研究によれば、成功している起業家は目標を立ててそれに向かって分析しながら積み上げていくようなものの考え方をしていません。掘り下げると長くなりますが、コーゼーションの考え方はビジネス環境が安定している場合には有効ですが、新規事業や起業など新しいことへの挑戦時には不確実性が高いのでコーゼーションでは対応できないのです。

一方、エフェクチュエーションを身につけたビジネスパーソンは、目標や計画は覆されるものという前提で、ただ目の前の事象に対して、できるだけ大きなエフェクト（効果）が発生するように、その都度、臨機応変に対処していきます。

例えばあなたが、ビジネスを学ぶための教育用ボードゲームを開発したとしましょう。コーゼーションの考え方では、このゲームをできるだけ多くの人に広めることを目的として、そのためにはどのような広告宣伝をすればよいか、面白さを理解してもらうためにはどのような説明が必要かなどと考えます。

ところが、そのように綿密に計画を立てたとしても、最初はなかなか広告宣伝効果が上がらず、想定したほどにユーザが広がらないといった事態がよく起こります。

コーゼーションの考え方でいけば、広告宣伝効果が上がらなかったのはなぜかと、原因と理由を分析して、その原因をつぶしていきます。つまり、起きた結果に対して対処はするものの、広告宣伝で多くの人に広めるという目的自体を変えることはありません。

一方、エフェクチュエーションの考え方では、起きた結果を素直に受け止めて「もしかすると、思ったほど面白いゲームではなかったのかもしれない」と考えます。そして場合によってはゲームの開発そのものを止めてリソースを別のプロジェクトに回します。

あるいは、止めてしまうにはもったいないくらいに中途半端に広まっているのだとしたら、そのゲームのどこがウケているのかを調査して、そのウケている要素だけを取り出して拡大できないかと考えます。当初の目標と計画にこだわることなく、起きた事象に対して、その事象のもつ価値や効果をさらに大きく拡大するにはどうすればよいかを考えます。

エフェクチュエーションは、成功する起業家に特徴的な思考様式です。なぜならば、起業には失敗がつきものですが、失敗したときにその失敗を素直に受け止めず、当初の目的にこだわり過ぎると、見込みのないプロジェクトにリソースを注ぎ込み続けるという悪循環にはまってしまうからです。

90年代に日本でもよく売れたビジネス書『ビジョナリー・カンパニー』は、長く続いている成功した企業は、基本理念だけを誠実に一貫させていて、事業そのものは多数の実験やスクラップアンドビルドで成り立っていることを綿密な調査で実証しました。[4]

例えばある会社は、創業時はネットオークションの会社でした。しかし、先行する競合に勝つことができず、試行錯誤を繰り返し、ようやくヒットしたのがモバイル端末向けゲームプラットフォームでした。

現在はゲームプラットフォームを運営することで知られている会社は、創業当初は交流型のＳＮＳでした。日本では交流型よりもゲームのほうが多くの人を集められると分かったために、ゲーム機能をどんどん充実させていったのです。

このように、起業においては、当初の目論見がうまくいかないことはしょっちゅう起こります。

そして成功する起業家は、そのことをよく知っていて、世界は不確実で予測不可能だと理解しているために、当初の目的にこだわり過ぎることがないのです。

注4　ジム・コリンズ『ビジョナリー・カンパニー　時代を超える生存の原則』日経ＢＰ社

近年では、VUCA（ブーカ）などといわれるように現実の世界は、Volatility（変動性・不安定さ）、Uncertainty（不確実性・不確定さ）、Complexity（複雑性）、Ambiguity（曖昧性・不明確さ）に満ちています。このような世界では、未来を予測して、目標を定めて、それに向かって予実管理をしながら進めていくことは困難です。

しかし、将来の予測ができないとしても、私たちは将来に向かって人生を切り拓いていかねばなりません。そのときに役に立つのがエフェクチュエーションの考え方です。先のことは分かりませんが、少なくとも今目の前に起きている現象だけはリアルです。その現象に対して、最も効果的な対応をすることで、自分の人生をより良い方向へと舵を切ることができます。そのとき、船の行き先は分かりません。もしかすると、当初の目的とはまったく別の方向に向かうことになるかもしれませんが、それもまた人生です。

エフェクチュエーションの考え方で大事なことは、

①新しいモノや方法ではなく、徹底して手元にある手段の有効性を考えること

②想定される将来の利益最大化を目指すのではなくて、致命的にならない損失がどこまでなのかを踏まえて投資に踏み切ること

③あらかじめ決められた目標や計画にとらわれず、行動のなかで発生したことの価値を最大限活かそうとすること

④出会った人のもっている人脈やスキルをうまく組み合わせてチームとしてやる事柄を決めること

⑤重要な事柄は人任せにせず、最終的に自分の手でどうにかできるものだと意識しておくこと

です。

これらはエフェクチュエーションの5つの原則と呼ばれています。

他社よりも早く社会に対して良い影響を与えてビジネスを拡大していく起業家の思考回路は、ほぼエフェクチュエーションの考え方だけで説明ができます。

それに対して予測ありきで計画を忠実に守ろうとするコーゼーションの考え方は、不確実な時代や環境にはあまり向いていません。

一般に、MBAなどの経営学はコーゼーションにのっとった論理思考を教えますが、最近はMBAでもエフェクチュエーションを教えるところが増えてきたくらいです。

エフェクチュエーションの考え方の有効性は、統計学におけるマルコフ連鎖のアナロジーとしても語ることができます。マルコフ連鎖とは、未来の事象の挙動が、過去のデータとは無関係に、現在のデータからのみ起きる系列を指します。簡単に言えば、3日前に起きたことよりも昨日起きたことを重要視しようというアルゴリズムです。

例えば、特に仕掛けのない普通のコインを6回投げて、表が5回連続で出たときに、次に出るのが表の場合と、裏の場合とでは、どちらの確率が高いでしょうか。

実は、どちらも確率は2分の1で同じになります。次に表が出るか、裏が出るかはそれまでに出た面とは無関係だからです。

マルコフ連鎖の系列は、物理学の統計力学の分野によく現れるもので、一般的な社会現象にも展開できると考えられています。

例えば新型コロナウイルスの流行は、過去のデータからはまったく予測できず、発生にいち早く気づいたのは、中国・武漢で最前線の医療現場にいる医師でした。その医師の報告も、中央当局にはなかなか信用されずに握りつぶされそうになったのはよく知られています。

人間は、過去の成功体験などにとらわれがちですが、現在の世界の変化は、必ずしも過去のデータが有用な場合ばかりとは限りません。

日本も幕末に大きな社会の変化がありましたが、そこで活躍できたのは、過去のしがらみにとらわれない下級武士が多く、中央政府（幕府）に所属していた旗本や、各藩のお殿様の多くは、過去の体制や習慣にとらわれて、時代の変化に対応しそこないました。

幕末の成功者として象徴的なのが、福沢諭吉です。

下級武士の出身である福沢諭吉は蘭学と漢学を学んでいましたが、外国人居留地である横浜でまったくオランダ語が通じないことを知り、せっかく修めたオランダ語から英語の勉強に乗りかえます。[5] 優れてエフェクチュエーション的な考え方をもっていました。

現代の人物でいえば、アメリカのバークシャー・ハサウェイのＣＥＯで投資家のウォーレン・バフェット氏が過去の成功体験にとらわれず、時代や環境の変化に合わせて臨機応変に重大な決断ができる方です。

注5　福澤諭吉 著、富田正文 校注『福翁自伝』慶應義塾大学出版会

バフェット氏は、新型コロナウイルスの流行を見て、何十年も保有していた航空会社の株を売って巨額の損失を計上しましたが、90歳を超えてその判断ができる胆力は尊敬に値します。

コーゼーション的には理解しがたいものですが、エフェクチュエーション的には、結果はどうあれ、正しい判断だったのだと思います。

皆さんは過去のしがらみにとらわれず、エフェクチュエーション的な思考ができるでしょうか。

第２章まとめ

●どんなに才能に恵まれていても、成功するかどうかは「タイミング」で決まる

□「何をやるか」よりも「いつやるか」が重要

□就・転職や起業等で進出したいと思っている事業は、「時流に乗っているか」が指標

●失敗したオリジナルよりも、成功したコピーのほうが評価が高い

□消費者が求めるものとは？　オリジナリティ、それともクオリティなのか？

□ただコピーするだけではなく、プラスαが成功を左右する

●新しく挑戦する分野で熟達するには、お手本を完全コピーすべし

□まず、身につけたいと思っていることの最良のお手本を見つける

□部分的なコピーでは意味がない。細部まで完全コピーをする

●「ちょうどいい狭さの戦場探し」と「キャリアのかけ算」でレアな人材を目指せ

□「つぶしがきく仕事」はすでに飽和状態

□競争力のないニッチな戦場でナンバーワンを目指す

●エフェクチュエーションを身につけよ

□目標達成に向かって積み上げていくのが、一般のビジネスマンの思考法

□目標は明確に定めず、目の前の事象に対して大きなエフェクト（効果）が発生するように臨機応変に対応するのが、成功者の思考法

□ダメだと思ったら、進路変更してもいい

［第3章］

遠まわりは質を高める最短ルート
——洞察力で行動の質を高める

第2章までは、もっぱら「洞察思考」の考え方や心構えについて説明してきました。

ここまで読み進めてこられた皆さんは、「洞察思考って意外と簡単にできそうだな」と感じたかもしれません。

企業にとって経営理念が最も大切なものであるように、洞察思考にとっても考え方は確かに重要なものです。

とはいえ「考え方」だけを身につければそれですべてがうまくいくわけではありません。そもそも「考え方」は本を一読しただけですぐに身につくわけではないでしょう。第2章でも述べたように、本を読んで頭で理解しただけで、行動は一朝一夕には変わりません。本当に理解するためには、実際に身体を動かしてのおさらいが何周か必要です。

ここからは洞察力と行動の質を向上させるためのコツをお伝えします。

デキる広告クリエイターは一つのキャッチコピーに対して100個の案を考える

多くの方がビジネス書を読んだ経験があると思いますが、本を一冊読んで、それだけで仕事がうまくいくようになったという経験のある方は少ないでしょう。

仕事がうまくいくようになるのは、本に書かれていることを実践してしばらく経ってからです。それが、「実際に身体を動かせば身につく」の本質です。

このようなことをうかつに言うと根性論のように思われてしまうのですが、長いこと伝え続けられている言説や伝統にはそれなりの理由があります。

私は広告会社の博報堂に新卒入社したのですが、それまではデキる広告クリエイターというのは一つひとつのアイデアの質が高く、少数精鋭の優れたアイデアをプレゼンに持ち込んでくると思っていました。

ところがそんな人たちの若い頃の話を聞くと、新人時代はたった一行のキャッチコピーのために、一晩で100個の案を考えることがよくあったそうです。私の同僚は100個どころか、「1000個の案を考えてこい」と上司に言われたこともありました。

部外者がこの話を聞くと「途中でとても良い案が1個できたら、そこでやめてもいいんじゃない？」とか「むりやり100個ひねりだしても、半分は最初からだめな案じゃない？」などとツッコミを入れたくなることでしょう。

しかし、たとえ最終的には1個しか使われないとしても、100個とか1000個とかの案を考えることには意味があります。それは、キャッチコピーを考えるという1000本ノックによって、基礎体力がつくからです。

これは哲学の世界では「量質転化の法則」と呼ばれています。「量的な変化が質的な変化をもたらし、また質的な変化が量的な変化をもたらす」というのが『量質転化』の法則です。[6] 簡単に言えば、高品質のものを生み出すには、大量のボツ案が必要だということです。質は量から生み出されるという信念です。

ジャーナリストのマルコム・グラッドウェル氏は、それを分かりやすく「1万時間」と表現しました。一流の芸術家やスポーツ選手と、それ以外の人との違いは平均して1万時間の練習をしてきたかどうかだというのです。[7]

単に1万時間を使えばいいということではなく、計画的かつ常に自分のキャパシティを少し超えていくような練習（心理学では限界的練習といいます）が必要であるということは補足しておきます。[8]

実際に、日本人で史上最速100号ホームラン（321試合）を達成した西武ライオンズの山川穂高選手は、結婚後も、練習が多くできるからと都心からはわりと距離のある西武ドームのそばに自宅を購入したそうです。[9]

彼に限らず、どの分野でも一流といわれる人物は人に見えないところで黙々と練習時間を積んでいます。「好きこそものの上手なれ」というように、一流になる人物は基本的にその分野が大好きで、長時間の練習が苦にならないどころか、暇さえあれば自分から身体が勝手に動き出してしまうものなのでしょう。

しかし、フツーの人でも、練習時間を積むことで技術を高めることができるとさまざまな研究が示唆しています。

もちろん、やみくもに時間を費やすのは効率が悪いので、時間あたりの質を高めていく

注6　三浦つとむ『弁証法はどういう科学か』講談社現代新書

注7　マルコム・グラッドウェル『天才！成功する人々の法則』講談社

注8　Ericsson, K. A. (2013). Training history, deliberate practice and elite sports performance: an analysis in response to Tucker and Collins review—what makes champions?

注9　サンデースポーツ（ＮＨＫ総合）

ことは必要ですが、最初はどのように質を高めたらよいかも分からないでしょうから、愚直にコツコツと時間をかけることで基本は身につくと考えることが大切です。

そのときにベンチマークとなるのは、自分と同じ仕事をしている同僚です。同僚が週40時間働いているのであれば、1・5倍の週60時間働くことを意識してください。また、時間ではなく提出する企画の数やレポートの枚数、アポイントの件数などであれば、同僚の2倍を目標にしてみてください。同僚がキャッチコピー案を100個考えるのであれば、自分は200個を目指すのです。

西武の山川選手も、三冠王3度のレジェンド落合博満氏から「人より多くバットを振れ」とアドバイスをもらっていましたし、私自身、経営者となった今でも、仕事の時間を減らさないように心掛けています。

才能や能力などは他人とはなかなか比較できないものですが、時間や量は明確に比べることができます。他人よりも常に多くをこなしているという事実は、あなたに自信をつけてくれます。常に周囲の人よりも多くの量をこなすことで、いつの日かそれが質を生むのです。

ベンチャー起業家のような方は、最初から才能があったかのように見えますが、私が見聞きした限りでは、きちんと努力して失敗を繰り返して成功にたどりついたという方がほとんどです。

着手主義の考え方を身につけて行動量を増やそう

新規事業など新しい領域への挑戦を志す方は、計画段階から一攫千金の精密なビジネス計画をと考えることが多いようですが、私は「考えているだけじゃ分からないですよ。まず一歩を踏み出してください」とお話しするようにしています。

ドイツの精神科医エミール・クレペリンが発見した「作業興奮」の法則によれば、あまり乗り気がしないことでもやっているうちにやる気や集中力が出てくるものですし、先行きの見えない物事に対しては、計画を綿密に立てることよりも着手主義で成功体験を積み重ねるほうがメリットが大きいからです。

ＩＴ業界でベンチャービジネスを志す方が目標とするのは、アメリカでいえばＧＡＦＡ（グーグル、アップル、フェイスブック、アマゾン）のような企業でしょう。

いわゆるネット企業の利益率が高いといわれるのは、インターネットという広大な市場で、その気になれば世界中の人を顧客にできるうえに、物理的な店舗や倉庫や物流費が必要なければ、費用がほとんどかからないからです。

実際、デジタル領域で広告媒体の提供を行う場合は、必要な費用を低額に抑えることで、広告効果を挙げて収益に結びつけています。またGAFAに次ぐ存在として動画配信サービスの名前もよく挙がるようになりましたが、こちらもデジタルメディアのストリーミングにより収益を上げています。

ですから「GAFAのようなビジネスを計画したい」という相談はひっきりなしにあるのですが、それを聞くたびに「まず始めてください」とアドバイスしています。

GAFAのようなネットサービスビジネスも当初は所謂スタートアップであり、ユーザーの認知度を高めて集客するためにはベンチャーキャピタル等から資金調達を行い資金を確保したうえで先行投資が必要となります。

またそれだけではなく、顧客を開拓するために多くの創業者が最初にやっていたのは、地道な顧客開拓活動を根気強く続けることでした。最初から切れ味鋭いビジネスがしたいという願望はよく分かりますが、どのようなビジネスも最初は大量の泥臭い奮闘が必要になるものです。量をこなすことが、質の向上につながるからです。

「洞察思考」において大切なのは、目の前に見える表面的な華やかさではなく、その裏側や背景や歴史を想像する力です。

ＧＡＦＡが今でいうＧＡＦＡになるまでにどのような歴史があったのか。改めて自身でしっかり調べてみて、どのようなビジネスを当初考えていたのか、どのような経営環境にあったのか把握してみてはいかがでしょうか。

「卵を一つのカゴに盛るな」もそうですが、誰かにとっては正しい話が、別の誰かにとってはまったく正しくないということがよくあります。大富豪は分散投資をするべきなのですが、サラリーマンが分散投資をしてもほとんど稼げません。

それと同じで、スタート地点にすら立っていない若者が「一攫千金のビジネス」を綿密に構想したところでリアリティはありません。

常に着手主義を意識して、まず行動。最初のお客さんを自分の営業で獲得するところから始めましょう。

本当にやるべきことは消去法であぶり出す

これまでお伝えしてきたように、成功するためには量をこなして質に転化させることが重要です（量質転化の法則）。

とはいえ、行動の質は高めなくてはいけません。そのためのちょっとしたコツをお伝えします。それは、やるべきことではなく、やるべきではないことを意識するのです。

なぜならば、自分自身がフォーカスしたい分野について「のみ」量を追求することが大切だからです。

例えば、営業であれば、毎回クライアントに新しい提案書を持っていく必要があるのかどうか、他のクライアントと同じものではだめなのか、営業日報と朝礼はどちらか片方だけでいいのではないか、クライアントへの手紙は本当に受注につながっているのかどうか、不要なものがないかどうかを定期的に考えていただきたいと思います。

だいたい、仕事熱心で真面目な若い人に限って、際限なく仕事量を増やしていく傾向がありますが、それは往々にして、ただ必要のない作業を増やしているだけであり、仕事の量を増やしているというよりも、単に時間をかけているだけになりがちです。

多くの人は、仕事を与えられたときに「この仕事を達成するためには、これをやって、あれをやることが必要だな」「これを仕上げるためには、念を入れてあちらも調べておいたほうがいいな」などと考えて、必要なことをリストアップしていきます。

このような積み上げ式のやること管理は確実に当人のもっているキャパシティを超えることにつながり、結局いろいろなことをちょろちょろやるか、取り組みやすくてさして重要でないことに取り組んでやったつもりになるかがオチです。

そうではなくて、今月は新規開拓に50時間使えるから、この時間をどの作業に優先的に割り振ろうか?などと考えて、割り振る必要のないタスクはやらないことにしてしまうのです。

もちろん、成果物の質を上げていこうと思えば、やるべきことはいくらでも見つかるでしょう。しかし、仕事とは常に締切があるもので、時間との戦いになります。

限られた時間内で仕事を終わらせようと思えば、やるべきことよりも、やるべきではないことをリストアップしていくべきです。

これは受験勉強と同じです。

読書が大好きで、暇があれば日本史の本をむさぼるように読んでしまったり、大学数学にはまってしまったり、『源氏物語』を原文で読み始めてしまったりした方はいませんか？　それはほとんど趣味の領域なのですが、「これは勉強の一環だからいいんだ」と自分に言い訳をしていませんでしたか？

私の聞いた範囲でいえば、たいてい、そういうことをしている人は大学受験で失敗しています。なぜならば受験勉強とは、限られた時間のなかでいかに効率良く点数を取るかの競争だからです。

『源氏物語』を全巻読めば古文には強くなるかもしれませんが、受験全体のなかで古文の点数の占める割合はごく一部です。そして、その時間に本来はやるべきであった数学や英語をおろそかにしてしまったために、総合得点が下がって、他の競争相手に負けてしまうのです。勉強が好きな人ほど、このような罠に陥りがちです。

入試に限らず、資格試験などの勉強とは、試験に関係のない無駄な勉強をいかに減らすかがポイントです。例えば、試験対策として最も有効な問題集は何でしょうか？　いうまでもなく過去問です。過去問で良い点数を出せるように他の問題集や基礎的なドリルをやることは当然大切ですが、意外にも過去問をうまく解くための準備に時間を使い、過去問の繰り返しがおろそかになる人がいます。受験のみならずＴＯＥＩＣなどの能力テスト、宅建のような資格試験、いずれも過去問を解く「量」を最大化しなくてはいけないのに、ギリギリまで過去問をやらず、本番でいまひとつ実力を発揮できない人をたくさん見てきました。

仕事においても同じです。やるべきでないこと、必要でないことをあらかじめ整理しておかないと、私を含めたたいていの人は必ずといっていいほど脇道にそれます。そしてしばらく進んでから道に迷って、「あれ、目的は何だっけ？」と立ち止まることになります。

受験でも仕事でも、最終的に必要なものは目的の遂行です。

ですから、何か仕事を始めるにあたっては、やるべきことをリストアップするのではなく、「これはやる必要がない」「これも優先度が低い」などと、捨てるべきものからリストアップしてください。そのようにしていろいろなものを消去していったあとにもまだ残っているものがあれば、それこそが最優先で取り組むべき課題です。

「残りものには福がある」ではありませんが、「これは不要」「あれも不要」と消去したあとにだけ、やるべきことが見えるようになります。

それをせずに、最初からやるべきことを探そうとすると、たいてい、いろいろな候補が出てきて優先順位を間違うことになります。ピンポイントで正解を選べるほど、物事は単純ではないのです。

一つ事例を挙げましょう。

よくあるベンチャーの事例ですが、広告費の予算がまったくなかったので、SNSで発信してお客さんを集めようという話があったとします。

当初、私たちが考えたのはある一つのSNSサービスを活用しいろいろな人と日常的なやりとりをするなかで、ファンをつくっていくやり方でした。ちょっと格式の高いサービスだったので、あらかじめ候補客と仲良くなっておかなければ、有料の集客ができないと思ったからです。

しかし、予断は禁物です。実際に何が効果があるのかは試してみなければ分からないと思ったので、ほかのSNSサービスにもアカウントを作って発信を始めました。

そこで分かったのが、当初の思い込みの間違いでした。運用を進めていくなかでお客さんは日常的なやりとりや交流などをあまり望んでいないことが分かったので、いろいろな試行錯誤を繰り返し、最終的には効率を考えて当初採用したSNSサービスとは異なるSNSサービスにリソースを集中させたことで、集客が一気にはかどるようになりました。

これは当初のプランにはまったくなかった案です。このような試行錯誤を経ずに、最初からどのSNSが良いと当てることはなかなかできません。

泥臭く試行錯誤を重ねていくことで、最終的に冴えた正解が見つかるのです。

量をこなしたいなら、いかに手を抜くかを考えろ

量質転化を徹底的に追求するために、もう一つ非常識な話をさせてください。それは「いかに手を抜くか」についてです。

「手を抜く」という言葉は、かなり否定的にとらえられていますから、条件反射的に拒否する人が出てくるでしょう。

ここで「直感」や「常識」に従って「そんなのはだめだ」と頭から否定するのではなく、

いったん「直感」や「常識」に従うのを留保して冷静に話を聞いていただきたいのです。

もちろん私は「手を抜く」ではなく、もっと穏当な言葉でノウハウを説明することもできます。しかし、言葉を選んで説明をすると、どうしても表現が婉曲になって、何をどうすればよいのかが分かりづらくなりますし、そうなると皆さんも退屈でしょう。

あえて過激な言葉を使うことで「真意はどこにあるのだろう」と皆さんの注意を喚起するための訓練だと思って読んでください。

さて「手を抜く」というのは、言い換えれば「余力を残して仕事をする」ことですが、これは、新人には当てはまりません。新入社員は仕事の基礎を身につけるために、とにかく量をこなしてがむしゃらに働く必要があります。

しかし、ある程度仕事を覚えた入社3年目以降の中堅社員では、さらに生産性と時間効率を高める必要が出てきますから、新人の頃と同じ働き方では間に合わなくなります。

もちろん、自分を成長させるために、「やれることは全部やります」というのは感心ですが、人によってはそんな生活を何年も続けると、成果を出していてもある日突然、燃え尽き症候群（バーンアウト・シンドローム）になってしまうこともあります。

従業員が燃え尽きないようにケアするのもマネージャーの大切な役割ですから、ある程度、全力疾走を続けてきて成果が出ている社員にはあえて「そろそろズルすることも考えろ。仕事を後輩に振って楽をするとか、思い切って今抱えてるタスクが半分になる方法はないか考えろ」と教えています。あえてズルをするとか、タスク量を半分にできないかといった問いを投げ掛けることで、自分自身が行っている仕事の本質的な部分を洞察できるように仕向けているのです。

「何をやるべきかよりも、何をやらざるべきか」は、中堅社員になったときにさらに大事になります。

日本人は真面目にコツコツと働くことがすばらしいと思っているので、「ズル」とか「手抜き」という言葉には嫌悪感を覚えることが多いのです。

しかしながら、一生懸命働くのはすばらしいことですが、努力が無条件で賞賛される社会では、「成果」について評価することが二の次になります。後述しますが「成果」と「結果」とは異なるものです。「努力とその結果」を認めてほしいと主張される方が多いのですが、ビジネスにおいて評価されるのは「過程と成果」です。

経営者としての立場から言わせていただければ、同じ時間働いているのであれば、成果をより多く挙げているほうが評価は高くなりますし、同じ成果を挙げるのであれば、少ない時間と少ない努力で出せるようにするのが、ビジネスでは当たり前です。

中堅社員にズルや手抜きを勧める理由は、燃え尽き症候群でメンタル面が不調になるのを防ぐだけでなく、転職や退職を防ぐことにもあります。常に全力で働いている人は、何かのきっかけで「燃え尽き症候群」になって、メンタル面を壊したり、突然の転職や退職をしたりしがちです。そこで、本当に頑張っている人には「もっと肩の力を抜けよ」とアドバイスすることがマネジメントでは大切です。

この考え方は、実は私が中学生のときに塾の数学の先生から教えてもらったものです。当時は私は一生懸命に数学の計算をごりごりと解いていたのですが、それを見た先生が、次のように話しかけてくれたのです。

「その解き方でも解は出るけれど、時間がかかるだろう。いいかい、数学はズルをする学問で、いかに簡単に解くかが大切なんだ。次は、計算を始める前に、どうやったら簡単に計算できるようになるかを考えてごらん。数学ができる人というのは、だいたい全員面倒くさがりで、いつもズルをする方法を考えているんだよ」

そんなことを考えたことがなかった私は驚いて、その日からなにごとにおいても、「いかにズルするか」がキーワードになりました。

この考え方は、受験勉強において大いに役立ちました。

試験では、普段から成績のいい人が高得点になるとは限りません。良い成績をとるのは、たまたま試験に出た問題が得意だった人です。ということは、試験に出る問題を予測できれば、あるいはそのような問題だけを効率良く勉強していけば、点数を上げることができます。

「いかにズルするか」を考えることとは、ゴールを明確にして、そのためには何をすればよいかを考える癖を私にもたらしてくれました。「ズルをする」というのは「ショートカット（近道）をする」という意味ですから、ゴールがどこにあるのか分かっていないと「ズル」はできません。常に目標や成果を意識して、そのためのプロセスを考えることで仕事の進め方に関する洞察力が高まりました。

ここまで説明しても「ズル」というネガティブな言葉に抵抗を感じる人はいるでしょう

か。

私があえて「ズル」という言葉を使うのは、他人が思わず「ズルい」と言ってしまうくらいのエレガントなショートカットは、「ズルをするんだ」というくらい真剣に考えなければ思い浮かばないからです。

私が若手の頃、仕事のできる先輩が「会社の利益を2倍にして、コストを2分の1にする方法を考えろ」と、よく言っていました。そのような途方もないことをするには、まっとうな積み上げでは無理で、「ズル」と言われるくらいの飛躍が必要です。

他人から非難や批判をされないように「ズル」や「手抜き」を行うには、それなりの洞察力が必要になります。

では、実際に私が使っている「ズル」「手抜き」の方法を一つ例に挙げておきます。

社外への企画書や社内でのプレゼン資料は量が多ければ多いほど気持ちがこもっていて良いものとされています。実際のところ、あまりにも量が多いとクライアントも見るのが大変ですし、時間がとられるのでよくないと思うのですが、アイデアという目に見えないものを販売しているのですから、形になるものはできるだけ豪華に見せなければいけないのです。

そこで、例えば100枚のレポートを作らなければならないとしましょう。新人は時間をかけて100枚を丁寧に作成していくのですが、私は今ではもう、一生懸命に力を入れるのは核心部分の5枚だけで、残りの95枚は部下や外部に発注したり、以前に作成したありものを流用したりで、最小限の労力で作成します。

これはもともと、実質的には100枚もいらないのだけれども、「やった感」を設計するための対応です。本当に大切なエッセンスは5枚に絞り込まれていて、それだけでも仕事は回るわけですが、やはりボリュームが多ければ多いほど喜んでくださる方も多く、この本当は必要のない95枚があることで本当に重要な5枚の神通力も高まります。そこでいかに「ズル」をして100枚のボリュームを作るかが大切になってくるのです。このように、量が質を生むと一言で言ってもその背景にはさまざまなコツが存在しています。またそのコツはどれも洞察力を必要とするものです。洞察力があれば、行動の質も高まるということに気づいていただければ幸いです。

第３章まとめ

●量質転化を意識せよ。企画案を同僚が100個出したら、自分は200個出す

□高品質のものを生み出すには大量のボツ案が必要

□天才でも、凡才でも、一流になる目安は「1万時間の練習」

●最初から大儲けできるビジネスはない

□やり始めればやる気が出てくる

□うまくいっている企業も最初のお客さんは地道な営業活動で獲得

●「やるべきこと」ではなく「やらざるべきこと」をリストアップする

□締切がある仕事は、結果につながること以外はすべて捨てる

□「やりたくない」と思ったことは最初からやらない

●仕事を覚えたら、真剣にズルや手抜きをする

□レポート100枚中、本気で作るのは5枚で残りはアウトソーシング

□量を好むか好まないかは相手しだい

［第4章］

バカにされたら「ありがとう」
——洞察思考が仕事をパワーアップする

褒められるのはうれしいことですが、私はバカにされたり、けなされたりするほうが、成長のチャンスがあるのではないかと思います。

私も若い頃は自分のアイデアや行動にケチをつけられるたび、「そんな意見、聞くもんか！」とムキになっていた時期もありましたが、洞察思考をするようになってからは、よりいっそう考える機会を与えられるため、反対意見がむしろありがたく感じるようになりました。

最近は、ちょっと意地悪なんですが、部下のアイデアをわざと批判して怒らせて、反応を見ることもあります。「今、ムカついてる？　顔に出ているよ」と煽って、そこで「反対意見を分析し、考えるクセ」を付けてもらえたらいいなと思ってやっています。

確実に反対者が出る企画を意識しよう

何か新たな企画を提出するとき、若い人は他人に反対されることを恐れて、１００％全員が納得するようなロジックを構築しておこうと頑張ることが多いようです。

しかし、全員が納得するような企画をつくろうとすると、当たり前のことしか書けなくなってしまって、新企画として見たときに、つまらないものになりがちです。誰もが納得する前提や、誰もが納得するロジックというのは、最大公約数的でとがった部分がまったくないからです。

そこで、私は「企画を考えるときには8割が賛成して、2割が反対するようなものを考えろ」と、常々言っています。反対が2割程度であれば、根回しや会議の議論などで説得できますし、反対など議論を巻き起こす残りの2割が十分に新しさをもたらす要素になってくれます。

なぜ8割かといえば、それは私の経験に基づく感覚です。10人に話したときに、2人が「分からない」というバランスの案が、最も成功する確率が高いような気がします。これが、5人が「分からない」というような案では、成立させることすら困難です。

また、企画をブラッシュアップするときに、実は参考になるのが2割の反対者の声なのです。2割の反対者というのは、企画を考えたあなた自身から、価値観や立場など理由はさまざまでしょうが遠い位置にいる人です。その人たちから出てくる意見は、あなたが見落としている企画の難点や、想定外のケースなどを指摘してくれるものです。

また、会議では最終的に全員一致の「合意」にもっていかなければなりませんから、反対者との対話が重要になります。

なかには、強硬に反対する頑固な人もいるかもしれませんが、多数決で決定してしまうのは、組織のコミュニケーションとしてはあまり推奨されるものではなく、時間がかかっても対話によって「合意」を取り付けることをおすすめします。

「合意」というのは、「同意」とは異なります。

「同意」というのは「私もそう思う」の意味で「同じ意見」のことですが、「合意」というのは「私はそうは思わない」けれども、組織としてこの企画を推進することは「認める」の意味です。

ですから、説得して考えや意見を変えさせる必要はなく、あくまでも認めてもらうだけでよいのです。「合意」をきちんと取り付けておかないと、その企画の推進にあたって、その人からの協力が得られないことがあります。

なので、反対者の意見も傾聴して、積極的に推進はしないけれども応援はする、くらいのマインドにまでもっていくことを怠らないようにしましょう。

このように、反対者に耳を傾け、同意ではなく合意を取り付ける過程で、さらに企画をブラッシュアップするための洞察が生まれることも多いです。

この「同意」と「合意」の区別をあまりしていない若い人もいますが、常に意識したほうがいいでしょう。あまり違いを意識せずに、とにかく「同意」してもらおうと思うと、とにかく説得しようとやっきになり、あまりいい結果にならないことが多いです。

しかし「合意」を目指すプロセスであれば、お互いに意見を言い合うことができて、それはそれとして「合意」してもらえませんかと、語りかけることができます。

「同意」と「合意」の区別を明確にするマインドセットをもっているだけで、反対者に対しての愛情をもつことができます。

なぜならば、反対者もともに「合意」を目指す一つのプロセスのなかにいるのだと仲間意識をもつことができますし、相手の反対意見も「合意」を目指して企画をブラッシュアップするための建設的な提言だと受け止めることができるからです。

これによって、あなた自身のストレスも軽減されて、そのうちに私のように、反対意見が出ると喜んでしまって、相手から気持ち悪がられるようになるかもしれません。

というわけで、企画を作成するときには反対意見を恐れないでください。反対者からの「合意」を得るのは大変なことではありますが、大変なことをあえてするから、洞察力も上がるし、あなた自身にも成長がもたらされるのです。

そもそも、人生というのはどんな場面でも反対意見に出会うものです。私自身、起業したいと言っては周囲に反対されましたし、社会人になってから大学院に入学したいと言ったときも家族から反対されました。そのような異議をどのようにマネジメントしていくかが、生きることそのものだといっても過言ではないほどです。

バカにされればされるほどチャンスが広がる

前節では「反対する人を洞察に活用する」話をしましたが、通常のビジネスでは、それなりに力の入った提案をしなければ、賛成や反対といった話にはならないでしょう。

そこで、日常的にもう少しこの「反対者を活用する」という洞察のテクニックを応用できるようにしたいと思います。かつて私はよく、起業のアイデアを、雑談のように周囲に話していました。すると、「そんなのはだめだ」とか「それじゃあ起業なんてできない」

とか「業界をなめているのか？」とか「リスクが大きすぎるよ」とか「他の人がすでにやっているんじゃない？」などと、いろいろバカにされました。

しかし、冷静に考えれば、バカにされたからといって、それがなんだというのでしょう？

成功する事業というのは、起業当時を振り返ってみれば、面白いことに、だいたいバカにされています。

例えば、今でこそスマートフォンといえば携帯電話とイコールになりましたが、初めて各社からタッチ方式のスマートフォンが発売された頃の反応はさんざんなもので、以下のような声のオンパレードでした。

「タッチパネルが使いにくいし、画面が汚れる」
「画面が小さいからパソコンのほうがいい」
「文字が打ちにくいし、絵文字が使えない」

しかし、スマートフォンは日本で爆発的に普及し、今では生活になくてはならない存在となっています。

今では多くの人が使っているSNSも「暇な学生しか使わない」と酷評されましたし、検索エンジンについても「今さら検索エンジンなんて遅すぎる」といわれていたことがありました。ECも「インターネットは信頼されてないから物なんて売れない」とバカにされました。

今は当たり前に普及しているモノやサービスも、起業当時は反対意見のオンパレードだったのです。

こういったエピソードを聞くと、「ふ～ん、最初はどの企業も大変だったんだなぁ」という程度にしか思わない人が多いと思います。しかし、本書をここまで読み進めていただいたあなたなら、もう一段深い意味をこのエピソードから見いだすことができるのではないでしょうか？　そうです、逆に「バカにされたら、成功する」かもしれないのです。

もちろん、私たちは人間ですから、バカにされたら傷つきます。実は、そこで嫌な気持ちになるだけで止めてしまったら、せっかくの成功のチャンスを逃がすようなものです。

ですから、バカにされたときは、その言葉を紙に書き出して、ポジティブに変換してみましょう。

例えば「今さら検索エンジンなんて時代遅れ」と言われたのだとしたら、逆に「今からこの分野に入ってくるヤツはいないから、競争相手が少ない」とか「今の検索エンジンはどれも同じようなものだと思われている」などと変換します。

そして「今さら検索エンジンなんて時代遅れ」と言っている人が何を見落としているのか、逆にどのような機能があれば成功するのかと詰めていきます。

「今さら検索エンジン」と言っている人は、別に「新しい検索エンジンなんてあり得ない」とまでは言っていません。ただ「すでに同じようなのがいっぱいあるからもういらない」と言っているだけです。

しかし、もし誰も見たことのないような画期的で使いやすい検索エンジンが誕生したらどうでしょうか。今までの検索エンジンはどれも似たりよったりなのですから、あっという間にシェアを奪えるに違いありません。

すぐにバカにしてくる人というのは、結局、考えが浅いのです。途中で思考停止しているので、どうしたら成功するかを深く考えていないですし、だめな理由を詰め切れてもいません。

逆に成功する人というのは、自分の考えている事業の弱点まで、結構冷静に深く分析しています。「起業家は意外と怖がり」という話を前にしましたが、それと同じで、成功する起業家は自分の考えている事業に対して、あらゆるリスクを徹底的に詰めて考えています。

バカにしてくる人たちが言ってくるようなことは、だいたい想定内なのです。一方で自分が詰め切れていない部分を指摘してもらえることもあり、そんなときは、「ありがとう」と感謝します。バカにされたら、それは逆に、自分のアイデアをブラッシュアップするチャンスなのです。

現在、私の経営する会社の主軸となっている「リサーチを受注する前にリサーチする」事業も、実は企画段階では、上司や同僚からはさんざんバカにされていました。斬新だと思っていたアイデアが「非常識」だとか「うまくいくわけがない」、さらには「リサーチという仕事を冒涜している」と大批判を受けてしまったのです。

ところが、そんな私の企画を見て「みんなにバカにされるアイデアなら、きっと成功するんじゃない?」という意外な言葉をかけてくれた人がいました。続けて「誰かが〝強く否定する〟っていうことは、世の中の常識からはずれた新しいアイデアってこと。分析してみればその業界の既得権益構造がよく分かるし、誰も手を付けていない領域なんだから、本気でやれば成功する可能性が高い。そんな会社があったら、僕なら投資する」という力強い言葉に衝撃を受けました。

「見捨てられているヤツにはチャンスがある」という発想は目からウロコで、「バカにしてきた人の意見には成功のヒントが隠されている」と初めて気づかされ、「ちょっとした発想の転換」で人生が好転した瞬間でした。

ちなみにその人は私の先輩で、今なら誰でも知っている海外ショッピング代行サイトを立ち上げた連続起業家です。そして、多くの人にバカにされ、批判された私の新規事業は社内公募制度で採択され、順調に成長を続けています。

人からバカにされたときこそ、「ありがとう」と感謝の気持ちをもって、なぜバカにされたかをもう一度深く考えてみるべきなのです。

世の中の「常識」や「当たり前」は本当に正しいのか、ブームの裏側には誰が存在しているのか、などを探っていけば、その本質や奥底にあるものを見抜くことができるはずです。単なる業界の商習慣でも、それだけしか知らない人にとっては神聖なる「常識」になってしまうのです。

「あり得ない」と言われたら良いアイデアが出る前兆

「常識」が邪魔になるのは、企画のアイデア出しという分野において顕著です。

人間が一人で考えられるアイデアには限界があるもので、そのために、ブラッシュアップの意味を兼ねてブレインストーミング（ブレスト）を行う会社が増えていると思います。

ブレストというのは、通常の会議とは違って、他人のアイデアを否定することが原則として禁じられています。

アイデアを転がして深めたり、知恵を出し合ってより幅広いアイデアを生み出したりすることが目的なのに、ネガティブな意見が出ると場が盛り下がって、メンバーが萎縮して、新しいものが創造されなくなるからだといわれています。

もう一つ大切なことは「これはさすがにあり得ないよな」というような、バカバカしい意見でも臆せずに口にすることです。

なぜならば、そのアイデア自体が「あり得ない」としても、そのアイデアが出てくる理由が必ずあって、その裏には本当に実現したかったことが隠れているはずだからです。

ブレスト会議をしていると、時々「これはないよな」というような言葉が出てくることがあります。その言葉が出てきたら洞察のチャンスです。発言者が黙ってしまっても、あえて発言を促して、ぶっ飛んだアイデアを聞いてみましょう。

そのアイデアそのものではなく、裏側にある、本当に実現したかったことを深掘りしていくと、すばらしいアイデアに行きつくことが多いのです。これも洞察の一つです。

また、ほとんどの凡庸なアイデアというものは、ある程度の常識を基にしていますから、そこには「隠れた前提」が潜んでいます。

そこで、もう一つ注意する言葉が「そもそも」です。「そもそも、なんでこれをする必要があったんだっけ?」のように「そもそも論」が出てきたら、それは「隠れた前提」を暴いてくれるもので、そのそばに面白いアイデアが潜んでいることがよくあります。

私が最近聞いた面白いアイデアには次のようなものがあります。

とある美容師の人がいて、キャリアに悩んでいました。

その人は海外の美容室で働きたいという、漠然とした夢をもっていたのですが、英語もぜんぜんしゃべれないし「それはあり得ないよな」と、自分で自分のアイデアを打ち消しました。

この「それはあり得ないよな」が出てきたら、その裏には強い欲求が隠れています。私の洞察の出番です。

私はその人に「海外で働きたいの？　それとも英語をしゃべれるようになりたいの？」と聞いてみました。

そうすると、まずは「英語をしゃべれるようになりたい」で、それから「海外の美容室で働いてみたい」のだそうです。なぜならば、英語ができなければ、美容室で雇ってもらうことができないというのです。そこで、カフェなどで働きながら英会話スクールに通って英語をマスターすることを考えたのですが、そうなると美容室で働けるようになるまでに数年かかりそうだといって諦めかけていたところでした。

そこで私は「両方いっしょにできることを考えよう」と、二人でしばらく悩んだ結果、「美容師さんの家にホームステイしながらアシスタントとして働く」という案が出てきました。

その人はホームステイさせてくれる美容師さんを探し出して、オーストラリアでその夢を実現させました。

目の前の現象は真実ではない

次に紹介する洞察スキルは、理系で仕事のできるビジネスマンが無意識に使っているもので少し難易度が高いものです。

それは、抽象化する力を活用して洞察力を磨くという方法です。

簡単な事例を使ってお伝えします。ある中学校で1年生のクラス全員の身長を測ったとき、30人のクラスであれば30人分の数字が出てきて、そのなかには140cmから170cmまで、いろいろな人が含まれています。

そこで「中学1年生の身長はどれくらいですか?」と聞いたときに「140~170cm」

と答える人がことのほか多いのですが、それは質問に答えたことになっているでしょうか。30㎝も幅のある回答をされても「人それぞれですね」としか言えません。「中学1年生の身長はどれくらいですか?」という疑問についての、役に立つ解答とは言えないでしょう。

このとき、私の求めている回答は「平均すると160㎝です」というものです。「標準偏差は13㎝です」という解答が加わればより良いです。もちろん、一言で中学1年生といっても140㎝の人も170㎝の人もいるのですが、クラスの平均身長や標準偏差のような「統計量」といわれる数値で語ることで、データとしても、モデルケースとしても使いやすくなるからです。

私の言葉で言えば、「140~170㎝」というのは「現実」ですが、「平均で160㎝」というのは「真実」です。得てして複雑に現実を描くよりも、シンプルに真実を描くほうが、役に立つことが多いのです。

「真実」とは複雑な「現実」をシンプルにとらえたものです。170㎝の中学1年生は「現実」に存在しますが、中学1年生の身長は170㎝ですといえば「嘘」になります。中学1年生の身長とざっくり聞かれた場合には「平均で160㎝」が「嘘」の混じらない

「真実」です。

確かに平均値は、バラエティー豊かな「現実」のすべてをあますことなく表現してくれているわけではありません。

しかし、ものを考えるときに必要なのは、細かな「現実」をすべて描写することではなく、一つのデータとしてシンプルに表現することです。１６０cmの中学生はモデルとしてイメージできますが、１４０~１７０cmまでさまざまな30人の中学生はイメージしきれませんし、仮にできたとしても頭が混乱するだけです。

私たちがものを考えるときに必要なのは、ざっくりととらえることなのです。

「現実」と「真実」との違いを、他の例で説明してみましょう。

「男性は女性より平均で13cm背が高い」——これは平均値でざっくりととらえた「真実」です。しかし「現実」にはもちろん、男性の平均よりも背の高い女性もいますし、女性の平均よりも背の低い男性もいます。しかし、そのような「現実」を、揚げ足をとるように事細かに述べると逆に実態が分からなくなることがあります。

私たちが物事の本質をとらえるときに重要なのは「男性は女性よりもだいたい13センチ

背が高い」という構造です。そこから「男性は手が大きいからお箸や食器は大きく作ろう」だとか、「男性向けのカプセルホテルは、女性専用のカプセルホテルより大きめにしよう」などの思考が生まれます。

事細かな「現実」にこだわっていては、ものを考えることができなくなってしまいます。

このような考えは、私の独創ではありません。統計学の世界では、データを説明する枠組みを数式で構造的に表現したものを「モデル」と呼んでいます。そして「モデル」でとらえることで世の中の事象の整理が簡単にできるようになります。

マーケティングはたいてい顧客を「モデル」で考えて分析を行います。

ところが、世の中には「モデル」でものを考えることに抵抗感をあらわにする人もいます。

「この商品のターゲットはＤＩＮＫｓ（Double Income No Kids）の男性の山田さんです。山田さんは子どもはいらないと考えていて、可処分所得のほとんどを自分の趣味に使っています」などと話すと「そんな人、本当にいますか？」などと聞いてくるのです。

それはもちろんモデルなのですから、実際には山田さんは存在しません。しかし「山田さん」というモデルの背後には、それに似た傾向をもつ人々が大勢いて、それぞれが「山田さん」とどこかで共通点をもっているのです。

複雑な「現実」を複雑なままに処理するのは、スーパーコンピュータではない普通の人の頭には難し過ぎます。ですから、分かりやすくシンプルに表現した「モデル」が必要になりますし、「モデル」を使うことで思考を先に進めることができます。

私はこのように現実をモデル化してとらえることを「モデル思考」と言っていて、洞察のための一つの手段であるととらえています。

「モデル思考」は複雑な現実をざっくりととらえて、ものを考えるときに有用です。時には「モデル」が現実と大きく乖離することもありますが、そのようなときは慌てずにモデルを修正してやり直せばよいのです。

囲碁AIなどの人工知能を活用した取り組みも、間違っているかもしれないけれども、とりあえず一定の「モデル」をつくって、それを手掛かりに分析を進めて、間違っていたらモデルを構成し直すという手法をよく使っています。かたっぱしから、ありとあらゆる手を分析するには処理能力が追いつきませんから、ひとまずある種の「モデル」によって

「現実」の可能性を狭めているわけです。

言葉の本質は数値化でつかめ

もう一つ、理系のビジネスマンがよく使っている洞察力を高めるコツをお伝えします。

一般的に、私たちの目の前に現れる現実の事象は複雑なもので、即座に本質を把握することは困難です。

言葉の本質をシンプルにつかみたいときの一つの方法は、あえて具体的な数値データですべてを語るようにすることです。

例えば「やる気を出せ」とか「プロフェッショナルになれ」など、ハイコンテクストなコミュニケーションよりも、「始業時間は8時だけど、新人は30分前に来て床に掃除機をかけてください」だとか「終業時間は17時ですが、金曜日は報告書を最後に書いてから帰ってください」だとか、明確な指示があるほうが助かると思う人も少なくないでしょう。

また、例えば「プロフェッショナル」という言葉の意味を調べても「専門家。本職。プロ」などと書かれているだけで、あまり参考になりません。ウェブで全体像をつかもうと思っても、長々と説明が書かれていて、混乱してしまいます。

この「プロフェッショナル」を、仕事内容から定義しようとするとなかなか難しいのですが、例えば私であれば、「トップ3％」のことだと数値に落とし込んで、分かりやすくとらえようと努力します。

本当に「プロフェッショナル」が「トップ3％」の人々のことであるかどうかは、この時点では問題ではありません。考察を深めていくなかで「間違っていた」と感じれば、そのときに修正すればよいだけで、とりあえず自分の感覚で「トップ3％」だと仮定するのです。

もしあなたの感覚で「プロフェッショナル」が「トップ1％」だと思えば、それでかまいません。私の感覚では「トップ3％」なので、ここでは3％で話を進めます。

数値データに落として考えることの利点は、「中学1年生の平均身長が160㎝」と同じで、具体的にイメージできるようになることです。

例えば「トップ3％」というのは、100人のうちの3人のことですから、自分の業界で周囲にいる人を100人くらいざっと考えて、そのなかのトップの3人が「プロフェッショナル」に値する人だとイメージするのです。偏差値で言えば69から68の間です。

もし「トップ3％」が、自分にとっては目標として遠過ぎるなと感じるようであれば、少し敷居を下げて「トップ10％がプロフェッショナル」に変えてみてもよいでしょう。

この「洞察思考」は「プロフェッショナルになれと上司から言われたけれども、プロフェッショナルとは何だろう」という疑問から始まっているのですから、自分にとって目標にできる「プロフェッショナル」の定義を探すことが大切です。

自分なりの定義では他人と話すときに通じないのではないかと疑問を抱かれる方もいるかもしれません。ただ、人間の感覚はそれほど大きな違いがないため、誤差があったとしてもざっくりとした話は通じるものですし、普通の人は感覚の違いを違いとして受け入れられる許容範囲をもっています。

このように、物事の本質をとらえたいというときに、具体的に数字にして把握し、語るということはいろいろと応用ができますのでぜひチャレンジをしてみてください。

世の中の成果主義は結果主義でしかない。結果ではなく成果にこだわれ

最近の若い人、特に新卒から5年目くらいまでの人を指導していて思うことがあります。みんな真面目で努力家だけれども、頑張ればそれだけで褒められると思っているふしがあるようです。

もちろん「頑張る」のは、「頑張らない」より、ずっといいことです。けれども、仕事で必要なのは「頑張る」ことではなく、「成果を挙げる」ことです。

おそらく、学生時代に「頑張れば褒めてもらえる」という成功体験をたくさん積んできたのでしょうが、「頑張る」ことが目的になっていて、「頑張ればいいことがある」「頑張れば成果がついてくる」という考え方になっているようです。

ですから、仕事を与えたときに、一生懸命やっているように見えるのだけれども、時間をかけてインプットをしたり、いつまでも調査ばかりしていたりで、いつまでたってもアウトプットが挙がってこないことがあります。

ただ、やみくもに必要だと思ったことや目についたことに取りかかるのではなく、「成

果を挙げるためにはどうすればいいか」をまっ先に考えてほしいと思います。

また、「どうしたら成果が挙がるのか」を考えていない彼らのアウトプットとは、「頑張っていたら出た結果」でしかありません。

ここで「成果」と「結果」という、よく似た2つの言葉が出てきますが、私はこの2つはまったく違うと考えています。この2つの違いをしっかりと理解することで、自分の目標達成に関する洞察力をパワーアップすることができます。

「成果」というのは、目的があって、それを達成するためにプロセスを組んで、狙って出すものです。

「結果」というのは、特別に目的に合わせてプロセスを組むわけではなく、ただ期限が来たときに出てくるものです。

試験の「結果」というのは、勉強をしていてもしていなくても試験を受ければ自然と出てきます。このように「結果」はプロセスを問わずに出てくるものです。

仕事ではもちろん、「結果」ではなく、狙った「成果」を出さなければいけません。ところが、若い人の多くは、ただ頑張ったあとの「結果」をもって、「成果」だと勘違いしています。

仕事の数値目標には届かなかったけれども、頑張ったから良かったというのは、単なる「結果」の追認であり、「成果」を挙げたとはいえません。

「成果」ではなく「結果」で仕事をしていると、自分のやっていることに対する評価が甘くなってしまいます。まだ「成果」を挙げていない人は、早急に「結果」と「成果」を区別できるようになっていただきたいと思います。この洞察スキルは、自分だけでなく他者が取り組んでいることを洞察し、評価するときにも役に立ちます。

「成果」を挙げるために必要なのは、いつまでにどれだけの数値を達成するという「目標」です。

「目標」が必須である理由は、「目標」があることで、現状との差異が明確になり、その「目標」に向けてどれだけの「成果」を挙げればいいかの数値も明確となり、そのためには何をどうすればいいかと考えられるようになるからです。

一流のプロスポーツ選手の多くは、この数値目標を明確にすることで、自分の実力をストレッチしています。0コンマ何秒のタイムを縮めるために腐心する陸上競技や水泳競技などは、このような数値目標を設定しないと、なかなか成長が見えないのです。陸上競技のある有名な指導者の方は、Aくんは5月の大会の100mで何秒のタイムを出し、Bくんは6月の大会で何秒を出し、その後10月の全国大会のリレーでチームで何秒を出して全国1位になるというレベル感で「成果」を定めています。

仕事においても、自分を成長させたいと思うのであれば目標と、目標達成のためにいつまでに何をやるかの行動決めは必須です。

一般に、「成果」という言葉は、「成果主義型報酬」をイメージさせますが、あそこで使っている「成果」は、私の言うところの「結果」ではないかと私は見ています。「目標」を立てて、それに向かっての「成果」ではなく、各人の期末の「結果」をもって評価を決めているからです。

世の中の成果主義のほとんどは「成果」ではなく「結果」で評価をしているように思います。

しかし「結果」というのは、頑張った人も頑張っていない人も平等に評価しますし、たまたまその期に運よく大きな受注ができたというだけの人の評価も上げてしまいます。それでは結局、頑張っても意味がないと思って、皆頑張ることをやめてしまわないでしょうか。

仕事で成果を出したいなら、まずは遊びを洞察せよ

仕事は「成果」を挙げるためにあるのだから、頑張ればいいってものじゃない——このような話をすると萎縮してしまう若い人もいるかと思います。

しかし、萎縮してしまうとそれはそれで実力が発揮できなくなるもので、「成果」は追い求めながらも、のびのびと働いてほしいという話をしておきます。

これは「洞察思考」の心構え的なものですが、「仕事」だからといってあまり堅苦しくなるよりも、普段、遊んでいるときのようなリラックス感を「仕事」にも持ち込んだほうが、営業などは意外とうまくいくことが多いのです。これも効果てきめんの洞察スキルです。

今の若い人はワークライフバランス重視で、仕事のオン、オフをきっちりと分けるのが

得意なようですが、ワークとライフを分け過ぎてしまうと、意外にも非効率的なライフスタイルになることがあります。

あるとき、部下のUくんがどうしても最後の詰めでクライアントさんを説得できないと悩んでいたので、仕事のなかに遊びの体験談を一つ入れてごらん、とアドバイスしました。

クライアントさんも、最後は担当者の人間性に懸けて契約するようなところがありますから、あまり「仕事」の話ばかりする堅苦しい担当者よりも、少しはプライベートが垣間見えて、人間性が分かるくらいのほうが信頼できると感じるのです。

Uくんは仕事ではピシッとスーツを着こなした真面目人間ですが、実は週末にはアルバイトでバーテンダーをやっているような酒好きで、普段もバーの飲み歩きが大好きです。真面目な彼は、そういった面を仕事ではいっさい見せていなかったのですが、人にもよりますが、あえて見せたほうが良い場合も多いのです。

「仕事と遊び、どっちが好きですか?」という質問に対する答えは、聞くまでもないという人が多いと思いますが、自分の好きな遊びをしているときはエネルギーがみなぎっているので、視点が鋭かったり、センスが冴えていたりするものです。ですから、遊びで体験したことを仕事のアイデアに必ず一つは反映させることで、仕事の行き詰まりを解消できることも多いです。

遊びのなかで得た知識や経験のほうが、教科書などには載っていない利用者目線だったり、実感を伴った考察だったりするので、語りも活き活きとしますし、その様子をクライアントが見れば、仕事に対してもやる気があるように見えてくるものです。

それまでUくんは、仕事では真面目過ぎてひっこみ思案なところがあったのですが、プライベートでバーに行けば知らない人とも話しているというので「それと同じノリでいいんだよ。仕事と遊びでキャラを変える必要なんてないんだから」と言って送り出して以来、今ではかなり仕事上のキャラも変化して、社内向けのラジオなどを企画してＤＪまでやってくれるようになりました。

このような変化を、私は「地が出る」と呼んでいるのですが、仕事を覚えることでいっぱいだった新卒社会人が中堅社員に変化するきっかけとなるのが「地を出す」ことになります。

今は、仕事と遊びを分ける、ワークライフバランスを忠実に守る人が多いようですが、時間的な区分はしっかりするとして、考え方やキャラクターの面ではワークライフブレンドが良いかもしれません。遊びのなかに現れる自分の得意なことやキャラクターを洞察するきっかけになる良い指針だと思っています。

プライベートでの自分が活き活きとしていると感じるのであれば、そのキャラクターや経験を仕事に活かさないのはもったいないとは思いませんか？

まとめ

●企画のブラッシュアップに役立つのは2割の反対者の意見

□反対者の意見は、あなたが気づかなかった企画の盲点と想定外のケースを教えてくれる

□「合意」と「同意」の意味をしっかり区別しておくこと

●バカにされたら、チャンスと思え！

□今では当たり前に利用されているモノやサービスも始めはバカにされていた

□バカにしてくる人の指摘は、自分がまだ詰め切れていないところ。一考の価値あり

●「ネガティブ意見NG！」のブレストでこそ、ぶっ飛んだアイデアを出し合おう

□「そもそも論」のなかに隠れた前提を分析すれば、面白いアイデアが出てくる

□「それはあり得ない」の裏に潜む強い欲求を考察してみる

●複雑な「現実」をざっくりとらえる「モデル思考」

□平均は「真実」。細かい「現実」にこだわり過ぎると思考が前に進まない

□「モデル」でとらえると世の中の事象の整理が簡単にできる

第４章

●あいまいな定義は言葉ではなく、数値に置き換えて考える

□プロフェッショナルの定義とは？　分からなければ「トップ３％」と自分なりに定義してみる

□データに誤差が生じたらその都度、訂正すればいいだけ

●こだわるべきは多くの会社が求める「結果」ではなく「成果」

□「結果」とは期限が来たら出るもの。「成果」とは目的を達成するためのプロセスを組み、狙って出すもの

□成果を挙げるために必要なのは、「いつまでにどれだけの数値を達成するか」という目標設定をすること

□「頑張ること」は目標ではない

●仕事で成果を挙げるヒントは「遊び」にある

□商談で行き詰まったら、遊びの体験談を一つ入れてみる

□仕事に余裕がもてるようになったら、「地を出す」ことも大切

[第5章]

自意識は過剰なぐらいがちょうどいい

――洞察力で人間関係を進化させる

洞察思考について、徐々に理解が進んできた頃ではないかと思います。次は「人間関係」を洞察してみましょう。人間関係の始まりは、自意識です。自意識とは、自分が他人からどう見られているかを意識することで、人は見た目が9割ともいわれるように、人間関係をつくるためのスタート地点になります。まずは自分自身のブランディングを行い、次に具体的に、会社での上司や先輩、同僚をはじめ、あらゆる対人関係を良好にするための洞察思考へと考えを巡らせていきます。

自分の見られたいペルソナを意識してブランディングせよ

前にもお話ししたのですが、人間はとても複雑な存在で、いろいろ矛盾した面があります。

仕事では鬼部長だと思われている人が、家庭では非常に子煩悩だったり、その逆に部下には優しい仏の部長が子どもの教育には厳しかったりします。

よく「あの人はああいう人だ」と人を決めつけるような発言をする人がいますが、それはその人の一面であってすべてではありません。人間はそんなに単純な存在ではなく、時と場合と状況に合わせたさまざまなペルソナ（仮面）をもっています。

前章でワークライフブレンドの話をしたように、ワークとライフをブレンドすると、仕事でもプライベートでも同じようなペルソナ（仮面）をかぶることになります。もちろん、厳密にいえば仕事のときと遊びのときとでは顔は違うのですが、どちらにも「自分」という一貫性をもたせているように見えます。

もちろん、ワークライフブレンドで遊びのなかにある自分を洞察し、仕事へプラスの影響を与えていくことで殻を破ることはできます。しかし、慣れてきたら今度は、仕事用の自分というものをデザインしようと考えてみるとさらに自分自身を洞察することにつながっていきます。

そこで、ある程度仕事に慣れてきた方はいつもの「自分」とは別に、「仕事用のペルソナ」を一つつくってみることをおすすめします。

あえて「仕事用のペルソナ」と表現したのは、そうしておかないと、つい地が出てきてしまう人が多いからです。

もちろん「地を出す」ことで、堅苦しい仕事の壁を打ち破って一皮むける人もいるのですが、それよりも最初から明るく外向的な「仕事用のペルソナ」をつくっておくほうが、話が早くなります。地を出して、それがたまたま、仕事にも合っているとは限らないからです。

私の知人の例を分かりやすさのため、少しだけ脚色してお話ししましょう。

田中さんは、大学の数学科を卒業して、わりと社風が堅いメーカーに新卒で入社したサラリーマンでした。ところが、婿養子になって苗字が変わったのをきっかけとしたのか、あるいは今後のビジネス人生は「イノベーション」で生きていくと決めたのか、あるときガラリと仕事上のペルソナを変えてきました。

それ以来、田中さんは、ことあるごとに「イノベーション」の大切さを説く、イノベーションの伝道師になったのです。田中さんは「イノベーション」を口癖にして、ちょっと変わった「イノベーションお兄さん」というペルソナをつくり上げていきました。

田中さんは、オンライン会議システムＺｏｏｍに表示される名前も「田中イノベーション」ですし、「はい、皆さん、ご一緒に、せーの、イノベーション！」という一発ギャグももっています。キャラが立っていて、見た目も目立つようにいつも赤い帽子をかぶっています。いつもにこにこと楽しそうで、そのキャラがあまりにも有名になって、大手企業のイノベーションチームに引き抜かれて転職しました。今は、ベンチャー企業を集めてピッチイベントをリードしています。

田中さんは、自分で考えて「仕事用のペルソナ」をつくって成功した例です。おそらく田中さんは、プライベートでは「イノベーション」を口癖にしていませんし、もしかすると家庭ではまったく異なるペルソナで過ごしているかもしれません。

しかし、そんなことは田中さんと仕事をする人たちにとってはどうでもいいのです。必要とされていないペルソナをかぶって仕事をする必要はないわけで、それでしたら、一緒に仕事をする人を喜ばせるためにも、田中さんのように新たなペルソナをつくってしまえばいいと思います。

ペルソナというのは一種の演技ですが、それによって人を励ましたり勇気づけたり動かしたりはできます。むしろたいして面白みのないプライベートのペルソナよりも、ずっと周囲の人にとっては望ましいものになるでしょう。

ペルソナの作成は、自分を変革する良いチャンスです。シャイだったり、ひっこみ思案だったり、自分自身のペルソナのせいでどうしても仕事がうまくいかないという人は、仕事をするうえでどのような自分でありたいかを考えて、仕事では常にそのペルソナをかぶってみてはいかがでしょう。

ペルソナは演技ですから、失敗しても素の自分は傷つきませんし、なによりもペルソナをかぶって演技するのは、いつも同じ自分自身でいるよりも、ずっと楽しいはずです。

ペルソナは相手に伝わらなければ意味がない

つくり上げたペルソナは、ただつくっただけでは宝の持ち腐れです。

田中さんのように、そのペルソナを積極的に周囲の人にアピールして「あの人はああいう人だ」と認知度を高めていく必要があります。

この場合、もちろんネガティブなイメージではなく、ポジティブなイメージで印象づける必要があります。

これは企業におけるブランディングと同じです。あなたという個人も、働いてキャリアアップするということは、社会のなかにおける自分の市場価値を高めているのですから、企業と同じようにあなた自身のブランド価値を高めていかねばなりません。

「仕事用のペルソナ」をつくるとは、企業でいえばブランドの「らしさ」をデザインすることになります。この「らしさ」はデザインしただけでは機能せず、積極的にアピールして、お客さまに「いいね」と思ってもらって初めて有効になります。

ブランドが相手に伝わって「いいね」となっている状態を、ブランド・エクイティ（資産）と呼びます。

個人におけるブランドとは、誰かがあなたの名前を聞いたり、顔を見たりしたときに思い浮かべるイメージや言葉の総体です。例えば「優しい」とか「面白い」とか「明るい」とか「頭がいい」とかです。

このときに「わがまま」とか「短気」とか「怖い」とか、ネガティブなイメージが浮かぶようであればブランドの構築に失敗している可能性があるので、再構築が必要です。ブランドは、ポジティブに受け止めてもらうことで初めて、資産となるからです。

企業でも人でも、ブランドとは自分でつくり上げるものです。

人間でいえば、ブランドとは個性ですが、人間の個性は複雑怪奇で、どんな人にも良い面と悪い面が表裏一体で存在しています。ブランディングとは、そのなかの良い面だけを他人に印象づけていくことです。その過程で、あなたの行動や言動は良いものばかりになっていきますから、結果として、本当に「いい人」として存在することができます。

では、個人はどのようにブランディングを行うべきでしょうか。

まずは自分で設計をします。それはすでに述べたように「仕事用のペルソナ」をつくることとイコールです。そのときの注意点はもちろん、ポジティブなペルソナにすることです。「頑固で人間嫌い」というペルソナをつくったところで、よほど特殊な場合を除けばブランド・エクイティにはなりません。

個人のブランディングで重要なのは、次の3つのイメージです。

1　強いイメージ
2　らしいイメージ
3　ユニークなイメージ

なぜ3つかといえば、人間は数多くの人に出会いますから、他人のイメージをそれほど強く覚えていられないからです。ぼんやりとしたイメージのペルソナをつくると「なんだか影の薄い人」としか思い出してもらえません。

1番目の「強いイメージ」とは、肉体的・精神的な強さではなく、印象の強さです。強烈ですぐに覚えられる、印象の強いイメージを一つつくることで、すぐに他人に覚えてもらえるようになります。田中さんでいえば、常にかぶっている赤い帽子でしょうか。

2番目の「らしいイメージ」とは、その人らしさを感じさせるものです。ペルソナをつくるといっても、人にはもって生まれた身体や性格がありますから、あまりかけ離れたペルソナをつくると、違和感が生じて覚えてもらいにくくなります。

身体が大きくて体格の良い若い人は、「策士」のイメージを打ち出すよりも、「スポーツマン」のイメージのほうが合っているでしょう。普段から物静かで落ちついている人は、「社交家」ではなく「読書家」のイメージのほうが好ましいと思います。

イノベーションが大好きな田中さんでいえば、「イノベーション」を口癖にしたことで、かなり「らしいイメージ」で相乗効果がつくれました。

また、次に説明するように「ギャップ」があると、ユニークで覚えてもらいやすくなります。

3番目は「ユニークなイメージ」です。これは、あまり多くの人がもっていない個性的なイメージのことです。例えば「ペットとしてヘビを飼っている人」であれば、次に会ったときも「ヘビを飼っている○○さん」とすぐに思い出してもらえます。相手がは虫類を苦手としていなければ有効なイメージです。田中さんの場合は、「数学科卒業」の経歴がユニークで、人に覚えてもらえるものだったと思います。

なので、仕事用のペルソナを構築する際には、仕事に役立つことを念頭に、「強いイメージ」「らしいイメージ」「ユニークなイメージ」の3つをまず考えます。

このときに、自分がすでに周囲の人に与えているイメージとの間にギャップが出てきます。それを修正するために、まずは自分のもっているブランド・エクイティがどのようなものであるかを確認することが最も重要なプロセスになります。

そこで、家族であるとか友人であるとか、自分が親しくしている人に頼んで、相手が自分に対して抱いているイメージを10個言ってもらいましょう。

たいていの場合、人が他人に対して抱いているイメージは3個程度なのですが、なぜ10個も出してもらうのかといえば、最初の5個くらいは「いい人」とか「楽しい」とか「明るい」とか、当たりさわりのない褒め言葉が出てくるからです。10個と限定すると、後半になるとだんだん褒め言葉のネタが尽きてきて、相手が本当に抱いているイメージが、言葉を選んで出てきます。

多くのポジティブなイメージはネガティブなイメージと表裏一体ですから、褒められてただ喜ぶのではなく、裏にあるかもしれないイメージも推測していきましょう。

例えば「決断力がある」は「独善的」との印象を与えているかもしれません。「優しい」は「優柔不断」の裏返しかもしれませんし、「頭がいい」は「計算高い」とか「油断できない」とかの意味かもしれません。

このようなイメージのチェックは、できれば1人だけではなく、3人以上からヒアリングしてください。なぜかといえば、人間は相手との関係性によって、無意識にペルソナや態度や言動を変えているからです。

例えば、仕事では敬語を使いますが、友人同士では敬語を使わないでしょう。仕事の同僚でもあり友人でもあるような人がいる場合には、オンとオフとでその口調が自然と切り替わります。そのとき、態度や言動も微妙に変わっていることでしょう。

できるだけ多くの人から聞き取りを行うことで、自分が今もっているブランド・エクイティがどのようなものであるかを確認できます。

現状のエクイティの棚卸しがすんだら、次は自分がつくり上げたいペルソナと比較して、ギャップを埋めるためにはどうしたらよいかを考えます。

私の場合はまず「強いイメージ」として「清潔感」や「爽やかさ」を意識して、人と会ったときに居心地が良くなるように行動しています。

そして「らしいイメージ」としては「温厚」とか「柔らかさ」を意識して、態度や言動に気を配っています。

しかし「清潔」で「温厚」なだけだと、よくいる人になってしまうので、「ユニークなイメージ」として「クリエイティビティ」や「スマート」を意識しています。そのため、服装も「清潔感」のあるスタンダードなブランドをベースに、ちょっとだけハイブランドを加えるとか、髪の毛も清潔感を損なわない程度に長めにしてエッジを立てています。

このように人から見られるイメージをコントロールしているというと、時々「自意識過剰」などとバカにされることがありますが、優秀なビジネスマンの多くはペルソナやTPO

（時と場所と場合）に合わせたイメージをつくっているものです。

例えば、上司に対しては「忠実な部下」でありたいですし、部下に対しては「頼れる上司」でありたいと思うのは普通のことです。そのように臨機応変に自分を変えていくことがビジネスはもちろん人生のすべてにおいて大切です。

社内評価を高めたいなら「同僚も全員顧客」と考えよ

上司とお客さんに対してはやたらと腰が低くて丁寧だけれども、部下に対しては横柄で威張っている人がいますよね。

自分が上司からいつも偉ぶられていてストレスが溜まっているから、部下に対しても自然と同じことをやってしまうのでしょうか。

お店などでも、お客さんに丁寧に話したすぐあとで、豹変して従業員に怒鳴っているオーナーをたまに見掛けますが、あれは客として見ていても気分のいいものではありません。

逆に、上司に対していつもつっけんどんで、マイペースを崩さない人もいます。

いずれも社会人としてあまりよろしくないのではないかと思います。

もちろん、同じ会社で働いているのであれば、上司と部下は指揮命令関係にあります。ですから、上司が部下に対して命令して当然ではないかと思っている人もいるようですが、指揮命令というのは、あくまでも会社内での役割でしかありません。会社を離れてしまえば、理論上は対等な人間同士です。いってみれば、私たちは上司と部下というロールプレイをしているだけなのです。

ですから、相手の恨みを買うような真似は、できるだけしないほうがいいのです。

社会人としては、社内であろうが社外であろうが、出会う人のすべてを自分という個人のお客さんだと思って接するのがいちばん良いと思います。

最近はかなり崩れてきたとはいえ、長幼の序を重視する儒教的価値観が広まっていて、終身雇用が当たり前で解雇に対する規制の強い日本の企業では、社内の上下関係は社外に出たのちも永続的に続くかのように思われていて、仕事とプライベートの境目があいまいになっているように思います。

いずれにせよ、上司を怒らせたり、部下の恨みを買ったり、同僚から嫌われたりしてもメリットはまったくありませんから、誰に対しても、相手は自分の人生におけるお客さんだと思って、いつも相手の立場に立ち、相手を尊重して話を傾聴するのがよいのです。

私自身、経営者といえども、博報堂グループの子会社なので、親会社の博報堂は最重要顧客だと考えていて、博報堂の人に会うときは、たとえそれが後輩であっても「お客さん」だと思って接しています。

そういう気持ちや態度はきちんと伝わりますから、親会社との関係も非常に良好です。

また、同僚や部下を「お客さん」だと思って接していると、見え方が異なってきて「洞察思考」が働くのです。

例えば、部下が慕ってくれているのであれば、それは自分という商品のファンになってくれたということですから、将来の仕事の協力という「リピート購入」があるかもしれません。上司のことも、お客さんの一人だと思って接していれば、やがて自分のポジションが上がるとかの引き合いがあり得るでしょう。

また、上司や部下や同僚に対して、お客さんにするようにお礼のメールとか飲みのお誘いなどをしてみると、あまりそういうことをする人はいませんから、あなたの印象が高まって社内評価も上がることでしょう。

プライベートでも、自分の親や配偶者、子どもをお客さんだと思って接してみれば、家族に対するストレスが軽減します。一般に、家族関係でイライラするというのは、相手が思いどおりに動いてくれないことから起こりますが、そもそも家族といっても他人なのですから、自分の思いどおりになるわけがないのです。

家族は他人、親は他人、夫婦は他人、子どもも他人と、言葉にしてしまうと寂しいように感じますが、そう思って接したほうが関係も良好になって、距離があって冷静になるだけに相手を喜ばせることもできて、毎日の生活もハッピーになります。

同期や先輩はライバルだと考え、「いかに勝てるか」を考えよ

上司や部下や同僚が「お客さん」だというのは、なにも、常に相手の機嫌を取って、言うことを聞いて回れという意味ではありません。

上司や部下や同僚は確かに「お客さん」ではありますが、ほかの立場も同時に兼ねています。彼らは「お客さん」であると同時に、ある意味では「パートナー」であり、別の意

味では「ライバル」です。

一人の人間を複数の視点で眺めることは「洞察思考」を鍛える訓練になりますが、たいていの人は、相手を一つの立場でしか見ていません。

例えば、上司のことを「命令する偉い人」だと思っていると、その人が一人の人間として悩んだり、弱いところがあったりしてもあまり目に入りません。また、仲の良い同期がいれば「友達」だから、相手の昇進を喜んでお祝いしなければならないと考えます。

しかし、同期は「友達」であると同時に「ライバル」です。自分よりも先に昇進したとしたら、お祝いの言葉を述べると同時に、悔しいと感じるのは当たり前ですし、自分も負けないように頑張らねばと奮い立つのが当然でしょう。

私の経験でいえば、同僚はあまり社内の人間をライバル視することなく、どちらかといえば電通の人間をライバルだと考えていました。しかし、電通と博報堂は2大広告会社ではありますが、それは会社同士の関係であり、博報堂の社員である私が比較されるのは、同じ博報堂の同期です。実は本当の意味でのライバルは、同じ社内の同期や先輩や後輩なのです。

会社の同僚をライバル視するのは、別に悪いことではありません。相手の足をひっぱったり、邪魔をしたりではなく、正々堂々と勝負すればよいのです。

そして、同僚をライバル視することの最大の効果は、自分の強みや弱みが相対的によく分かることです。社内での自分の市場価値を高めたいのであれば、同じ社内の同期や先輩と比較したときの強みや弱みを明確にして客観視したほうがいいからです。これは自分を洞察するうえで最高の視点です。

私の場合は、同期や、年次が近い先輩を自分のライバルと考えて、その人たちとの違いはなんで、自分が選ばれるにはどうしたらいいかと常に考えていました。同じ会社に入社した同期ですから、能力にはそれほどの差がありません。そこで、あえて相手の弱みを見つけて、その部分を自分が伸ばすことで差をつけようとしました。相手を蹴落とすくらいの視点でなければ選ばれる存在にはならないと考えたからです。

一方で、同期や先輩は「お客さん」だと考えていたので、関係は常に良好でした。実際に、相手に対して攻撃をしかけることなどはありませんでした。

このように、人に対する見方をＴＰＯに合わせてさまざまに変えることは、複雑な世界に対する「洞察思考」を鍛えます。

同期を「仲間」でもあり「ライバル」でもあると見る複雑さは、私たちの脳みそに負荷をかけます。しかし、そのような苦労は、あなたの「洞察思考」を鍛えてくれます。

例えば、同僚は一緒に働いて協力する仲間ですが、もし仮に自分のいる部署で大規模なリストラがあったときに、自分は会社に残ってほしい人材として選ばれるでしょうか？そのように鬼のような冷徹な視点をもつことで、あなたはまた一歩成長することでしょう。

デキる社員への近道は、偉い人にごまをすること！

同僚は「お客さん」ですが、上司は「偉いお客さん」です。ですから、同僚に対するのとはまた違った対応が必要です。あえて誤解を招くような言い方をすれば、上司に対しては「ごますり」が必要です。

一般的に「ごますり」は、あまり良いことだと思われていませんよね。私自身、昔は「ごまをする」人が大嫌いでした。たぶん、多くの人が同じように感じていると思います。

なぜ私たちは「ごますり」に対して、嫌悪感をもつのでしょうか。

その理由はおそらく「卑怯な感じ」がするからです。

「ごますり」という言葉には、「媚びへつらう」という意味があります。自分よりも立場が上の人に気に入られて利益を得るさまが、正々堂々と実力で勝負していない印象を与えるのでしょう。

しかし、その考えは少々、洗練されていない気がします。

そもそも、ビジネスにおいて仕事の能力だけが正当に評価されることが本当にあるのでしょうか。私は疑問に思います。

長年、社会人を続けている人であれば誰でも、ビジネスでは実力だけでなく、いかにお客さんや上長に気に入られるかが成果を左右することをよく知っていることでしょう。

というより、ビジネスでは他人に気に入られることも実力のうちです。そうやって、人間関係構築能力で利益を得ている人を、いい意味で「人たらし」などと呼ぶことがあります。

ここまでは、「ごますり」で利益を得ることを、ビジネスでは当然として肯定的に評価してきました。もう一つ、相手の立場に立って考えてみましょう。

「ごますり」をされる相手だってバカではありません。むしろ、社長や役員といった地位にまでのぼりつめているのですから、一般的には頭も良く仕事の実力もある方ばかりです。

それなのに、なぜ皆さんが嫌う「ごますり」に簡単に騙されるのでしょうか。

その理由に関しての私の仮説は「ごますりは悪いことではないから」です。

「ごますり」が本当に悪いことであれば、偉い人は、ごまをすってきた相手に対して懲罰的な態度で臨むはずです。しかし、実際は「ごますり」に対しては好意的なのです。

それは「ごますり」が、自分の利益だけでなく、相手の利益をも考えたＷｉｎ―Ｗｉｎの行為だからです。

私自身も社長という肩書きになったのでよく分かりますが、社長は、会社におけるすべての責任は最終的に自分が背負わなければならないという立場から、社内において対等に話せる人間がいません。「偉い人」と見られてしまうために、皆さんが気後れして話しかけられないようなところもあり、精神的には結構、孤独です。

そんなときに「ごまをする」人が話しかけてきてくれたら、たとえそれが「ごますり」であると分かっていてもうれしいものです。

そう理解してから、私はパーティや飲み会があると、クライアントの社長など、偉い人に積極的に話しに行くようになりました。これにはもう一つ洞察力を身につけるための意味があって、社長だとか役員だとかの偉い人のところには多くの情報が集まるもので、クライアントの偉い人と話をすることでいつでも有用な情報を得ることができます。

ここでいうクライアントとは、実際のクライアントだけに限りません。すでに述べたように、同じ会社の上司や役員も「お客さま」なのですから、飲み会があれば、自社の社長や役員、上司に積極的に話しかけに行くのは当然です。

そういうことをしていると、やはり「ごまをすっている」などと陰口を叩かれたりするものですが、私にしてみれば、そういうことを言って頑なになっている人は「情報収集」という仕事の大切な側面を怠っているように感じられます。

飲み会とは「飲みニケーション」という言葉すらあるように、貴重な情報収集と親睦の機会です。すでに仲良くなっている人とばかりしゃべっていても、仕事にはなりません。そのようにきちんと目的を明確にしてからは、他人の批判は気にならなくなりました。

実際、クライアントの偉い人や、自社の上司から気に入られれば、仕事には大いに良い影響があります。

また、自社の上司に対しては、自分のやりたいことや企画などをそれとなく話しておけば、それが根回しとなって、将来的な布石にもなります。そうやって名前を覚えてもらっておけば、実際になんらかの関連する企画が発生したときに、あなたが抜擢される可能性が高くなります。

「ごますり」を嫌う人は、「ごますり」は仕事ではなく、楽をしているように見えているのかもしれませんが、目的をもって一生懸命「ごますり」をしてみれば、意外とこれも大変な仕事だと分かるはずです。

よく、ゴルフばかりしている営業部長がいますが、あれも、クライアントとの人脈をつなぐための立派な仕事であり、意外と本人はゴルフなんて好きでもなんでもないかもしれないのです。

「ごますり」も本気でやれば結構な仕事ですが、それが成果につながるのであればなんでもやるというのがビジネスマンの心意気でしょう。

繰り返しになりますが、若い人は、次に会社の飲み会があったら、ぜひ偉い人から順番に話しかけてみてください。意外とそういう偉い人は、偉過ぎて誰からも話しかけられず、一人でいることが多いものですから、喜んであなたの相手をしてくれることでしょう。

もちろん、目上の人が相手なのですから、礼儀はしっかりと守ってください。

人の期待を集めるには、常に「右肩上がり」を演出する

偉い人にごまをすることを嫌がる人は、自分がどう見られるかを今一度考えていただきたいと思います。

自分では「ごまをすらない硬派」のつもりでいても、他人からは「人に頭を下げない傲慢な奴」に見えていたり「上司に挨拶に行かない気が利かない人」と思われているかもしれません。

いうまでもありませんが、自分をどのように見せるかは意外と大事です。

ファッションでいうならば、どんなに仕事のできる人でも、やはりスーツがよれよれで、無精ひげをはやしていて、靴に穴があいていたら、ビジネスで信用を得るのは大変になります。

それと同じことで、ビジネスでは何をするときにも見せ方を考えたほうがいいのです。分かりやすいのはプレゼンテーションです。

どんなにスペックの高い商品やサービスでも、プレゼンが下手であれば、とてもつまらない商品やサービスに見えてしまいますし、相手の興味をひくことはできません。まれに、プレゼンの内容には惑わされずにデータを見て興味をもってくれるお客さまもいないわけではありませんが、たいていの人は見た目と売り込みの言葉のほうに興味をひかれます。

プレゼンの話し方であったり、見せ方であったりはいろいろな細かいテクニックがほかの本にも書かれていますので、ここでは最も大切な心構えについてお話しします。

それは、「ビジネスにおける報告は、常に右肩上がりで成長しているように見せること」です。

私が若い人によく感じるのは「正直過ぎる」ということです。真面目で正直なのは良いことですが、ビジネスで成果を挙げていくのであれば、もっとズル賢く、ときには「お化粧」をするテクニックも覚えていってほしいと思います。この「お化粧」には洞察力を高める意味もあります。自分がどのように成果をプレゼンテーションするかによって、その後の展開をどのように有利にしていくか、将来の展望に関する洞察がうまくなります。

例えば、私たちはベンチャー企業の資金調達のお手伝いをしています。資金調達とは、ベンチャーキャピタルなどの投資家に対して「私たちはこれからどんどん利益を上げることができます。そのためには事業への投資資金が必要なので、ぜひお金を出してください」とお願いすることです。

そのときに大切なのが、「このベンチャー企業は右肩上がりに成長している」と投資家に思わせることです。そのために必要なのが「情報を出す順番のコントロール」です。

例えば、商品ができて最初の一月目の受注が50件、二月目の受注が40件、三月目の受注が30件となっていたら、投資家からは、どんどん売れなくなっているように見えます。もちろん、嘘をつくことはできませんし、それが事実なのだから仕方ないだろうと思われるかもしれませんが、それで投資を打ち切られてしまったとしたら、その先の事業を続けることが難しくなってしまいます。

本当に売れなくなっていて、事業を畳みたいと思っているのならよいのですが、一月目に頑張って需要の先食いをしてしまったせいで、二月目、三月目と売上が落ち込んでいるのだとしたら、それは戦略の失敗であって、事業の将来性とは関係ありません。

たとえ受注件数の総数が同じでも、一月目が30件、二月目が40件、三月目が50件となっていれば、投資家からは、企業がどんどん成長しているように見えますから、投資を継続しようという気分になりますし、関係者も皆ハッピーになれます。

つまり、売上を立てるにあたっては、当初から右肩上がりになるように意識して、戦略を立てていくべきなのです。

例えば、一月目に50件の受注見込みがあったとしても、契約月を後ろにずらして、最初の月は30件に抑えておけばよいのです。そうして、二月目に40件、三月目に50件と、常に来月の受注見込みをにらみながら、今月の受注件数を調整していくだけで、右肩上がりの成長曲線を演出することができます。右肩上がりというのは恐ろしいもので、勝ち馬に乗らんとさまざまな人が協力を申し出てくれるのです。

若い人は、いいニュースがあったら早く知らせたいとばかりに、すぐにすべてを開示してしまいますが、もし次の月にいいニュースが何もなかったとしたら、他人から見たときに成長が鈍化しているか、あるいは停滞しているかのように見えてしまいます。

「実際はそんなことはなくて、たまたま今月は何もなかっただけだ」という言い訳は「事実」ではあるのでしょうが、多くの部外者はただ見た目の印象だけで物事を判断してしまうのです。

ですから仕事で成果を挙げるのは当然として、その成果を十分に評価されたいと思うのであれば、最初から全力でフルスイングの表現をしないことです。営業であれば、最初から全力で受注しないで、受注見込みの企業を残すようにしておいて、常に前の月よりも成績が上がっているように見せます。そうすれば、どんどん成長して実力をつけているように見えるからです。

プライベートでも、意中の相手をデートに誘うのであれば、最初から三ツ星レストランでゴージャスなデートはしないほうがいいでしょう。徐々に前回のデートよりもアップグレードしてサプライズを演出してください。

最初に全力を見せないとあとが続かないのではないかと思われがちですが、最初だけ豪華で、あとがダウングレードしてしまうと、「最近、大切にされていない」とか「自分に興味がなくなったのかな」などと思われてしまいますよ。

あなたの人生が最も良く映えるのは、右肩上がりで成長しているときです。これはあなたのためだけではありません。上昇しているのを演出すれば、それを見た人も元気をもらえるので、周囲のためにもなっています。ですから恥ずかしがらずに、常に成長中で今が一番のピークであるかのように演出し、自分に期待を集めましょう。

最初は演出でも、そうやって自分を追い込むことであとから実力もついて、集まった期待が本物になるのです。

第5章まとめ

● 仕事用、遊び用のペルソナを使い分けてもいい

□ 仕事がうまくいかないとき、仕事用のペルソナをつくって変革してみるといい

□ ペルソナづくりに失敗しても、あなたは傷つかない

● 仕事用のペルソナは「いいね」と思われてこそ価値がある

□ 仕事用のペルソナは積極的にアピールする

□ 個人のブランディングで重要なのは「強い」「らしい」「ユニーク」イメージで

● 同期は友達であると同時にライバルでもある

□ 同期をライバル視すると自分の市場価値が高められる

□ 同期・同僚の弱みを見つけたら、自分のその部分を伸ばして差をつける

● 「ごますり」は上司とのWin-Winの関係を築く

□ ビジネスでは気に入られることも実力のうち

□ 飲み会は上司に「やりたいこと」をそれとなく伝える絶好のチャンス

● 「右肩上がり」を演出して期待を集める

□ 報告する際は、常に右肩上がりで成長しているように見せる

□ 「情報を出す順番のコントロール」が重要

［第6章］

成功は〝ホッケースティックカーブ〟！
——洞察思考で自分の限界を超える

仕事だけでなく、人生のあらゆる場面で洞察思考は役に立ちます。目の前にあることをそのまま受け止めるのではなく、じっくり物事の裏側まで考えを巡らせれば、思いも寄らなかった機会に恵まれることがあります。最後のレッスンでは、世の中やあなた自身が知らず知らずにつくってしまっていた「限界」を超える方法を伝えていきたいと思います。

人生のすべての行為をSTP化せよ

私の仕事はビジネスのなかではマーケティングに当てはまります。社会人になってからずっとマーケティングの仕事に関わっていますし、大学でマーケティングの講義も受け持っています。そのなかで、最も重要で、かつ毎日の生活に応用できる考え方がSTPです。STPとは、セグメンテーション（Segmentation）、ターゲティング（Targeting）、ポジショニング（Positioning）の略称です。このSTPは必ずSTPの順番で行うことが大事です。

まず、セグメンテーションとは市場を同じ反応をする集団に分割する軸を設定することです。

例えば、美容外科に通った経験がある人とない人というのを軸にして女性の化粧品ユーザーを分けるとしましょう。美容外科に通った経験のある人は、より美容外科医の推奨を伴う商品に強い購買意向を示す可能性があります。実際のビジネスではもっと複雑な軸設定をしますが、おおよそのイメージはつかんでいただけたかと思います。

次に、ターゲット設定をします。先ほどの例でいえば、美容外科に通った経験がある方にアプローチするのか、ない方にするのかを決めるということです。

自分の限界を超えるための洞察力という観点からすると、このセグメンテーションをして、ターゲットを決めるという順番を意識するのは極めて重要なことです。これはマーケティングの作戦を立てるときだけではなく、女性にモテるようになりたいとか、就職活動をしたいとか、あらゆる側面に応用することができます。

就職活動を例に取って考えてみましょう。よくありがちな間違いは、先にターゲットを決めることです。つまり、自分の行きたい会社のなんとなくの条件、例えば有名であるとか、一部上場企業とか、ＩＴ業界とか……を決めて具体的に応募したい会社をリストアップするという形です。これはセグメンテーションをせずにターゲットを先に決めている形になります。

まず、あなたの履歴書に書いてある自己PRに対して同じような反応をしそうな会社の固まりを見つけるための軸をつくること（セグメンテーション）から始めましょう。

例えばあなたが有名私立大学のアメフト部出身だとします。つまり、「体育会系」というあなたのペルソナに対する反応のパターンで就職先候補を分類してみるのです。「体育会系」と一口にいっても「営業としての体力を評価しそうな会社グループ」「リーダーシップや対人コミュニケーション力を評価しそうな会社グループ」などその反応にはいくつかのパターンがあり得るでしょう。そのようなグループに会社を分ける「軸」は、どのようなものでしょうか？　製造業なのかサービス業なのか、大企業なのかベンチャーなのか、消費者向けビジネスなのか企業間取引なのか。こうやって軸を決めてから会社をピックアップしていくことで、最初は営業希望としてのアプローチしか考えられなかったけれども、リーダーシップや対人コミュニケーションの観点から人事を志望するアプローチもありそうだ、などと会社と自分の関係について洞察を深めていくことができます。そのうえで、ターゲットとしてリーダーシップや対人コミュニケーション力を評価しそうな会社グループにアプローチする、という要領で考えを進めていけばよいわけです。

では、最後のポジショニングについて説明しましょう。

ポジショニングとは、ターゲットのもつ選択肢のなかで選ばれるための自分の魅力を設計することです。

セグメンテーションからのターゲティングで、狙うべきターゲットが決まったら、今度はそのなかで、いかにして競合に勝つかを考えます。同じセグメントをターゲットしている競合は、あなたの強力なライバルです。先ほどの就職活動の例でいえば、リーダーシップや対人コミュニケーションを評価しそうな会社の人事の人たちに対して、選ばれるための魅力をどのように設計するかを考えるということです。ここで重要なのは、広く万人から選ばれるための魅力を考えるのではなく、あくまでターゲットに対して、競合の応募者と比較して選ばれるためにはどうすればいいのかを考えることです。対人コミュニケーションであれば体育会系以外でもサークルやゼミでリーダーをやっていたというような人材が競合になるかもしれません。想定される競合と比較する視点をもつことで自分の魅力をシャープにしていくことが重要です。ビジネスは常に誰かから「選ばれる」ことの連続ですから、この考え方はいろいろな場面に応用可能ですし、ＳＴＰの順番で考えることによって思わぬ自分の可能性や売り出し方に気づくこともあります。個人的には難しくもパワフルな洞察のテクニックだと思っています。

ＳＴＰは、直感による間違いを防止するためにも役に立ちます。

例えば、私たちは「ひとめぼれ」などといって、何も考えずにターゲットを定めることがありますが、それが本当にあなたにとって良い関係を結べる相手かどうかは、ＳＴＰで考えてみることで明確になります。冷静にセグメンテーションしてみると、あなたが「ひとめぼれ」した相手は、もしかすると相性が悪いかもしれないのです。

じわじわブレずに、急にブレろ！

限界を超える成果を引き出すための、とっておきの洞察スキルをお伝えします。それは、「急にブレろ」という考え方です。

「ブレる」というのは、あまり良くないことだとされていて、「あの人はブレない」というのは「一貫性がある」という意味の褒め言葉になっています。

しかし「ブレない」ことがいつでもいいことなのかといえば、時と場合によります。

例えば、株の積み立て投資をしている人がいたとして、リーマンショックのときも、コロナショックのときも「俺はブレない」といっさい資金を動かさずにいたら、大損していたことでしょう。

逆に、株価が下がる気配を見抜いた途端にすべてを売却して現金に換えた人は、「急にブレた」おかげで損失を回避することができたはずです。

同様に、地震が起きたときに動じずに浜辺を歩いている「ブレない」人は二次災害に遭う可能性が高くなりますし、業績が下がっているのに「ブレない」で従来のやり方を貫き通す会社はいずれ倒産することになります。

ですから私は若い人に「急にブレて現状を打破する」有効性を伝えていきたいと考えています。

第2次世界大戦時の日本は、戦局が不利になっても、初めに立てた作戦に固執して戦力の逐次投入を繰り返したために、じわじわと戦力を削られ続けて取り返しのつかないことになりました。あのとき「急にブレて」、早期に和平交渉をしていたら犠牲者の数はもっと少なかったはずです。

どうやら日本人は「急にブレる」ことが得意ではないらしく、日本企業の多くは業績が悪化したときに、小規模な改善を繰り返すことが多いようです。しかし、だめだと思ったときは「急にブレて」、思い切った構造転換を志向したほうが、予後が良くなります。

前述しましたが、幕末にオランダ語を学習していた福沢諭吉は、横浜の外国人居留地で世界の共通語が英語であることを知り、英語をゼロから勉強し始めました。周囲の人はおそらく、「急にブレた」と感じたはずですが、今から見れば彼の判断が正しかったことが分かります。

「急にブレる」のは怖いですからほとんどの人はやりたがらないのですが、行き詰まったときに思いきってまったく違うことをすると不思議と現状を打破できることがあります。

私自身、何度か「急にブレた」おかげで助かったことがあります。

例えば、以前とある会社の買収を検討していて、買う気満々で3カ月くらいずっと準備していたのですが、契約直前になってその会社の社長も気づいていない小さな債務が見つかりました。小さかったのでたいしたことではないと見逃すこともできたのですが、一つあるということは、ほかにも見つかるかもしれないと考えて、そこまでの準備に使ったお金を全部捨てて、買収を取りやめました。

実際に買収していたらどうなったか分からないのですが、何か不安を感じたときには、自分でも意識していないリスクが潜んでいる可能性が高いので、やめてよかったと思っています。

また、私は博報堂で社内起業をして、その事業を独立させた子会社の経営を行ってきました。売上が5年間で10倍になるほどうまくいっていましたし、ほかに類のないユニークな会社を経営しているという自負もあったのですが、このたび事業を博報堂の内部に戻して、会社を清算することを決めました。[10] なぜならば、20人の会社を徐々に大きくしてい

注10　執筆時点ではあくまでも著者である宮井の方針であり、実際は今後の親会社の判断を正式に待つことになります

くよりも、大企業の内部で２００人を巻き込んだ事業を行うほうが、世の中に与えるインパクトが強くなると考えたからです。私を知る人はたいへん驚いたでしょうが、これも急にブレて方向転換をした事例です。

これはあとづけですが「急にブレた」ときは、実は自分でも意識していないところで、その道に進むことに不安や不満が重なっていて、それが何かのきっかけで爆発しているのではないかと思います。冒頭に述べた「不安に関する直感は正しい」というやつです。私が非常に好きな書籍の一つに、「成功こそが失敗のもとであり、失敗こそが成功のもとになる」と書いてあります。成功の絶頂、失敗のどんぞこは急にブレる良い機会かもしれません。[11]

また、これは余談ですが、買収を取りやめた会社は、最終的にほかの会社と合同で経営権だけを取得したので、完全買収こそしませんでしたが、その会社を手に入れてやりたかった当初の目的は達成することができました。

いずれにせよ、「急にブレてもいいんだ」と、心の隅にでも留めておくことで、あなたの限界を突破する糸口につながります。

どちらかで迷ったら、どちらも得られる方法を考えろ

人生には、どちらかを選ばなければならない場面が時々出てきます。

例えば、就職するか、それとも大学院に行くか。

あるいは、結婚するか、それとも別れるか。

もしくは、A社に転職するか、それともB社に転職するか。

私の場合は、MBAを取得するために仕事を辞めて海外に留学するか、それとも仕事をそのまま続けるかで悩んだことがあります。

このようなとき、たいてい二つの選択肢はトレードオフの関係になっていて、どちらかを選ばなければならないと、普通の人は悩みます。

しかし、限界を突破できる人は「どちらも実現する」方法はないかと、一度は考えるの

注11　ジェームス・ボネット『クリエイティヴ脚本術──神話学・心理学的アプローチによる物語創作のメソッド』フィルムアート社

です。最初から「無理だ」と決めつけずに、そのような視点をもって暮らしていると、意外と打開策が見えてくることがあります。頭の片隅に意識しておくだけでアンテナが立って、脳が関連した情報を集め始めるからですね。

私の場合は、ＭＢＡを取るなら海外しかないし、海外に2年間留学なら会社を辞めるしかないと思い込んでいたのですが、実はＭＢＡは国内の大学院でも取得することができました。

そうはいっても、ＭＢＡの本場は海外だという頭もあったのですが、よく考えたら、国内の社会人大学院であれば夜間と休日に通えますから仕事しながらでも続けられますし、最終的には博士号まで取ることができます。

それに気づいた私は、これまでずっと続けていた英語の勉強をスパッとやめて、「急にブレて」国内の大学院を受験して、仕事しながら研究を始めることにしました。ＭＢＡを取って、会社を辞めずに仕事を続けることができたのです。

日本には「二兎を追う者は一兎をも得ず」ということわざがあるので、私たちはつい「二兎を追う」ことを悪いことだと考えてしまいます。

しかし、人間の時間は限られているのですから「二兎」を同時に追うことができるような状況のときは、同時に追ったほうが効率が良いに決まっています。

そもそも、大学院と仕事は別に2羽のウサギというわけではありません。2つのものを同時に追いかけることが、常に間違いだとは誰もいってないのです。

日本には「一石二鳥」ということわざもありますから、状況に合わせて好きなほうを選べばいいのです。

スティーブ・ジョブズ氏も、機能だけに優れた製品を嫌がり、常に機能とデザインの両立を考えていました。そのおかげで、私たちは今優れた機能とデザインをもった商品を手にすることができるのです。

ですから、一石二鳥は常に心に留めておくべき「洞察思考」の心構えだと私は考えています。

もちろん、二つのものを両立させるのは心身ともに負担がかかりますから「無理」だと考えたい気持ちは分かります。

そんなときは「無理だ、できない」と考える理由を紙にリストアップして、仔細に検討してみましょう。

例えば「時間がない」とか、「お金がない」とか、「能力が足りない」とかです。

それができたら、次は「どれくらい足りないのか」と数値データで把握しやすくします。

何かの問題を解くというのは、必ず分解して数値データに落とし込むところから始まるからです。

そこまでできれば、「何か別のもので代替できないか」「どこかから調達できないか」などと解決策が見えてきます。

私の場合は、実際に社会人大学院に通っている人を探して、どのようなタイムスケジュールで動いているのか数値データに落とし込んで話を聞き、場合によっては、その人がやっていることを完全にコピーして、同じようにできる準備を整えます。

2つのものを同時に両立させるのはきついことですが、実際にやっている人がいるのであれば、自分もやってやれないことはないだろうと感じられます。あなたも「無理だ」と諦める前に、実際に両立させている人はいないかどうか、調べてみることをおすすめします。

好きなことより、人から頼まれることに力を入れろ

私は高校生のときに将来の進路を考えようと思いましたが、自分に何が向いているかがまったく分からなかったので、手当たり次第にアルバイトやプチ起業をいろいろ試してみました。

魚屋とかラーメン屋とかファミレスとか、宅配便の仕分けとか、引越しの手伝いとか、塾講師とか、音楽イベントの運営とか、映像素材の販売とか、10個以上やったのではないかと思います。

そこで分かったのが、自分が楽しい、やってみたいと思うことと、他人が評価してくれることにはズレがあるということです。

私が講師として勤めた塾は、勉強が苦手な子ども向けの専門塾で、教えるのが本当に大変で、続けるのが嫌でした。

しかし、仕事としていちばん評価されたのは、その塾の講師だったのです。

自分でいうのもなんですが、私は教えることが上手だったようで、塾長からたいへんに

褒められて、なんだかんだでアルバイトのなかでいちばん長く続けてしまいました。

このようなギャップは今も続いていて、私はなぜか研修やセミナーの講師を頼まれることが多いのですが、自分ではその手の仕事はあまり好きではありません。

けれども、それでも頼まれるということは、本当はそれが得意なんだろうなとあるとき気づきました。

自分が「得意だからやりたい」と思っていることと、他人が見て「得意そうだからやってほしい」と思うことには常にズレがあって、どちらが正しいかといえば、おそらく客観的な他人の目のほうが合っているのでしょう。

ということは、他人からの頼みごとというのは、自分の得意なことを教えてくれる鏡なのです。ですから、たとえ「あまり好きじゃない」と思っていても、できるだけ引き受けたほうがいいでしょう。これも、自分の限界を超えることにつながる、自分を洞察するスキルです。

「好き」と「得意」は一致しませんし、自分の得意なことは、自分でも意外と分からないものです。

私たちは、他人から教えてもらって初めて自分のことを知るのです。

これはビジネスでもよくあることです。

私たちが「これが世の中にうける」と自信満々で作り上げた商品がまったく売れなかったりしますし、ついでのようにオマケのつもりで販売している商品が、思わぬところで話題になって大ヒットしたりします。

あなたの会社で売れるものを教えてくれるのはお客さまですし、あなたが得意なもの、あなたが売れるものを教えてくれるのも、やはりお客さまです。

そして、本当は得意でも好きでもなくて嫌々やっていたとしても、やっているうちに上手になって、「〇〇のプロフェッショナル」という旗が立ちます。そうなれば仕事の依頼はどんどん増えますし、あなたの人生も充実して、キャリアをストレッチすることができます。

ですから、若い人には「他人からお願いされたことは、できるだけ断らずに一度はやってみろ」と教えています。

逆に、自分の得意なものはなんだろうと知りたい場合は、他人があなたにお願いすることはなんだろうと考えてみればよいのです。「買い物に付き合ってくれ」とよく言われるのであれば、あなたはたぶん、人やものを見る目があって、すごくスマートに買い物を楽しんでいるように見えるのでしょう。それならば、その方面の能力を伸ばして、いっそのこと「買い物のプロフェッショナル」になってみるのも面白いでしょう。

私は本当は国際的に活躍したくて、商社にでも就職して、英語も勉強して留学もしたいと思っていたのですが、なぜかそのような仕事はまったく回ってこず、いつのまにか消費者調査やイノベーション支援のスペシャリストになっていました。

たぶん、私は何かを調べてきたるべき未来の兆しを感じ取り、人に教えることが得意なのです。自分ではそんなこと好きではないと思っていたので、他人から頼まれるまではまったく気がつきませんでした。それに気づいたのは、やはり他人からの指摘でしたから、何か頼まれたり指摘されたりしたら、謙虚に耳を傾けることが大切です。

自分のやりたいことがはっきりしない人は、他人からの誘いを断らずに引き受けていくと、意外とそれが人生の岐路になるかもしれません。

成功は〝ホッケースティックカーブ〟。今くすぶっていても気にするな！

ベンチャー界隈では、右肩上がりで急激に上昇する指数関数グラフを「ホッケースティックカーブ」といって、企業の売上やサービスがあるときを境に急激に伸びていくさまを表しています。

これは考えてみれば自然なことで、SNSでもブログでも、発表当時はほとんど話題にもならなかったものが、数年後に突然話題になって、通知が止まらなくなります。

それは、「いいものを作っている」ことが前提にあって、しかしながら、ほとんど誰にも知られていなかったお店やサービスが、インフルエンサーの紹介をきっかけとして、多くの人に知られるようになって急に人気を博す現象とまったく一緒です。

モノやサービスは、ただ「いいものを作っている」だけでは売れません。売れるためには、多くの人に知られる必要があります。本当に「いいもの」でニーズがあれば、多くの人に知られた時点から、爆発的に売上が伸びていきます。

それまでほとんど売れてなかったものが、いきなり売れ始めるわけですから、予兆はほとんどありません。

実際、ビジネスがうまくいっている人と会話をすると、まったくうまくいきそうという感覚はなかったのに、ある日、突然ビジネスが回り始めたという話をよく聞きます。

私自身もまったく同じ感覚をもっています。

今の会社を起業したのは5年前のことですが、起業前はコンセプトを話しただけでもバカにされていて、起業後もまったく新しい市場を一から開拓しなければならなくて、うまくいく感覚はまったくありませんでした。

ところが、あるとき突然、私たちの会社の手法を学びたいという人が現れました。そこからなぜかバカにされることが少なくなって「やり方を教えてください」とか「一緒に仕事がしたい」などと、まるで我々の手法があることが当たり前だという前提で話しかけられることが多くなりました。

最初にその徴候があってから1カ月たらずで、目に見える景色ががらりと変わって、売上が上がるようになりました。

その経験からいえば、潮目はびっくりするほど急に変わります。

ですから、今何かをやっていてうまくいっていないという人も、もしかすると成功の手前にいるかもしれません。

もちろん、人生には撤退する勇気も必要ですが、うまくいくときは急にうまくいくもので、それがいつ起きるかの徴候はまったく見えないのです。

成功は急にやってくる——このことを「洞察思考」の最後の心構えとして皆さんに伝えたいと思います。

それによって、あなたが「もう少し頑張ろうかな」と思えるのであれば、これほどうれしいことはありません。

新規事業に限らず新しい挑戦の際には、最初は本当に泣かず飛ばすの状態が続くものです。その期間はおよそ1年で、どんなに早くても半年はかかります。

何度も新規事業の立ち上げを経験してきた今では、成功はホッケースティックカーブで急にくると分かっているので、何も起きない日々が続いても落ちついていられますが、初めての起業の人は気が気でない毎日になるでしょう。

特に、初めて独立開業するような場合、お客さんの来ない一日一日が、とても長く感じられるものですが、そこではブレずに、気を強くもってほしいと思います。

しかし、それが成功の手前にいるのか、それともすでに失敗しているのかを見極めるのは容易ではありません。

そこで、私の場合は、何かを始める前に撤退の基準を決めておきます。これ以上続けたら生活が破綻するというギリギリのところに「撤退基準」を設定しておくのです。

ここまで落ちたら「撤退」という基準をあらかじめ決めておけば、逆に、そこに至るまでは「撤退しない」と決めたようなものなので、多少波があっても落ちついて仕事に取り組むことができます。

そのうちに、突然の成功が降ってくることもあるでしょう。逆に何も起きないまま撤退基準に達してしまうこともあるかもしれませんが、そのときは「もうちょっとだけ」などと粘ることなく「急にブレて」かまわないのでさっさと転身しましょう。

人生は何度でもやり直すことができるもので、その経験は新たな挑戦に活かせばよいのです。

第６章まとめ

●ターゲットを決める前にセグメントする

□しっかりと軸を定めてから、ターゲットを決めれば失敗しない

□狙うべきセグメントが決まったら、いかにして競合に勝つかを考える

●ブレることは悪くない。思い立ったらいつでもブレどき

□ブレずにいると致命傷になることもある

□「急にブレてもいい」と思っていれば安心して行動できる

●二兎は同時に追ってもいい

□時間は限られているので、同時進行できる方法を考える

□いつも頭の中に一石二鳥の考えをおいておく

●「好き」と「得意」は必ずしも一致しない

□自分で思っている得意と、他人から見た得意にはズレがある

□他人から求められることは断らずに引き受けていくと、新たな岐路が見えてくる

●うまくいくときは急にうまくいくから焦らずに

□本当に「いいもの」でニーズがあれば、ある日突然、ビジネスが回り始める

□鳴かず飛ばずでも落ちつけるように、挑戦の前には、「撤退の基準」を決めておく

おわりに

この本は、私がこれまでの人生経験から得てきた「洞察思考」について語ったものです。洞察という概念をはっきりと定義するというよりもさまざまな日常の事例を使いながら、頭の体操に付き合ってもらうつもりでお伝えしてきました。暗黙知的に「なんとなく」私のいっていることが分かるなという感想をもってもらえたら幸いです。

人間は20代になってから、起きている時間の半分以上を仕事に当てているわけですから、この本の「洞察思考」もその多くが、仕事、つまりビジネスでどのように成功するかに向けられています。

一方で、仕事をするのは、結局は人生を豊かにするためなのですから、「洞察思考」はプライベートな人生に対しても使えるものとなっています。そこで、成功というと「お金もち」になるというイメージをもっている方も多いと思います。そこで最後は余談としてお金についての「洞察」をお伝えします。

仕事はおおむね「お金」のためにするものですが、仕事で成功するというのは、たくさんのお金を稼ぐことが目的でしょうか。

お金があると何がうれしいのか、自分はどれくらいお金が欲しいのか、お金があれば幸せになれるのか――日本ではお金の話は「はしたない」と言われてなかなか口にできませんが、お金についての自分の考えをどこかではっきりさせておかないと、「お金」のためになんとなくずるずると嫌な仕事を続けてしまうことにもなりかねません。

私は以前に富裕層の調査をしたことがありますが、お金があっても幸せではないという人がたくさんいました。

それはどういう人かといえば「お金さえあれば幸せになれる」と考えている人です。皮肉なことですが「お金さえあればいい」と言う人ほど、お金があるのに幸せになっていなかったのです。

幸福学の研究によれば、人間に幸福をもたらすのは、お金ではなくて愛情だそうです。お金があってもなくても、親しい人が身近にいる人が幸せを感じ、そうでない人は自分を不幸だと感じてしまいます。

また、ノーベル経済学賞を受賞した心理学者ダニエル・カーネマン氏の研究では、年収と幸福の関係で最も相関関係が強いのは年収700万円程度であり、800万円を超えるともう幸福度は上昇しなくなるそうです。[12]

私のお金に対する洞察は、お金は自由をもたらすが、必ずしも幸福をもたらさない、ということです。幸福をもたらすのは自己実現や仲間からの感謝、心身の健康といった要素だと思います。だから本書ではなるべくさまざまな幸福をもたらす要素に関連づけられるように題材を取り上げて洞察思考の解説を行ってきました。

あなたがこの本で「洞察思考」の一端でも身につけてくれるのであれば、これに勝るものはない無上の喜びです。

なお、本書は個人の体験や経験をベースに書いておりますが、エビデンスが外部にあるものは一通り網羅して、参考文献やデータとして付けています。もっといろいろな参考文献や面白い話があるのですが、紙面の関係で載せきれなかったことが悔やまれます。気になった方は原典をあたってください。また、私の考え方や洞察スキルを直接学びたい方のために、本書『バカにされたら「ありがとう」』からインスピレーションを受け、「バカデミー」という私塾を開催しようと思います。興味をもった方は「バカデミー」で検索してみてください。

最後まで読んでいただき、まことにありがとうございました。

注12　星渉、前野隆司『99・9%は幸せの素人』KADOKAWA

宮井弘之（みやい ひろゆき）
1979年生まれ。慶応義塾大学商学部卒。2002年博報堂入社。情報システム部門を経て、博報堂ブランド・イノベーションデザイン局に在籍。新商品・新サービス・新事業の開発支援に従事。幅広い業界のリーディングカンパニーと300を超えるプロジェクトを経験。働きながら筑波大学でMBA（経営学修士）と博士号（経営学）を取得。社内公募ベンチャー制度で採用され、近未来の消費者洞察データを基軸にイノベーション支援を展開するSEEDATAを起業、博報堂子会社として分社。現在は、SEEDATA代表取締役社長。法政大学や相模女子大学等で非常勤講師を歴任。

本書についての
ご意見・ご感想はコチラ

バカにされたら「ありがとう」

――あなたの限界をラクに超える最強の洞察思考――

二〇二一年三月一九日　第一刷発行

著　者　宮井弘之
発行人　久保田貴幸
発行元　株式会社　幻冬舎メディアコンサルティング
〒一五一-〇〇五一　東京都渋谷区千駄ヶ谷四-九-七
電話　〇三-五四一一-六四四〇（編集）
発売元　株式会社　幻冬舎
〒一五一-〇〇五一　東京都渋谷区千駄ヶ谷四-九-七
電話　〇三-五四一一-六二二二（営業）
印刷・製本　シナノ書籍印刷株式会社
装　丁　株式会社　幻冬舎デザインプロ

検印廃止

Printed in Japan　ISBN 978-4-344-93229-6　C0034
幻冬舎メディアコンサルティングHP　http://www.gentosha-mc.com/